人工知能を活かす
経営戦略としての
テキストマイニング

大森寛文
菰田文男 [著]
杉浦政裕
大津良司

中央経済社

まえがき

　本書は，前著『技術戦略としてのテキストマイニング』(中央経済社，2014年)の成果を踏まえたうえで，さらに自然言語処理へのAI(人工知能)の適用の成果も摂取することによって発展させ，企業が実利用可能なテキストマイニング手法を提唱することを目指している。

　私たちが前著を刊行したのは，5年前であった。同書の目的は，テキストマイニングを利用することが，日本企業の選択と集中戦略など，経営戦略の立案に役立つことを実証・提示するためであった。例えば，20世紀末に始まるインターネットというオープンなネットワークの普及は，当時は広くは知られなかったが，IT企業の収益の源泉を高品質の半導体の微細加工技術の開発から，次第にコストと柔軟性を重視したソフトウェア開発へとシフトさせつつあった。したがって，その時点でこの変化を的確に読み取り，その変化に適応するためのさまざまな施策をとることが必要であった。この変化に，一部の先進的な研究者は当初から気づいていたし，この気づきを吸い上げ，中長期計画に反映させれば，日本のIT企業の現状は違ったものとなっていたかもしれない。テキストマイニングは，貴重でありながら少数にしか知られていない知識を発見し，それに説得力や根拠を与えることによって，企業の適正な戦略立案・意思決定に役立つと期待される。

　5年前のこの問題設定の重要性は，今日さらに増している。なぜなら，AIブームはこれまでに生まれては消えていったが，2010年頃からの機械学習や深層学習の進歩により，AIが本格的に利用可能になりつつあり，このことが将来の事業環境をこれまで以上に不確実で分かりにくくしているために，中長期経営計画の見直しの必要性を高めているからである。AIの導入は，①人口減少が進む中で，1人当たり生産性を高め，マクロ経済の潜在成長率を高めるためにも，②新規の製品・サービスを生むためにも不可欠であり，今後急速に広く普及すると予想される。例えば，自動車業界では自動運転，カーシェアリン

グなどのAIを利用した全く新しい製品・サービスが急速に現実味を帯びつつあり，そのために自動車業界の顧客ニーズ，技術開発の方向性やタイムスケジュール，世界標準となる技術，ビジネスモデルなどが，十分には見通せなくなりつつある。また，モノのインターネット（IoT），キャッシュレス決済なども，これまでにはない全く新しいビジネスモデルを生み出し，顧客のニーズがどのような方向に向かうか，その実現に最適な技術は何かなどを，現時点で理解することを難しくしている。このようにAIの普及は，これまでの直線的延長上には捉えられない，複雑な事業環境を生み出しつつある。このことが，将来の事業環境などの正しい理解を可能とするテキストマイニング利用の意義を高めるであろう。

他方で，AIの進化は自然言語処理の分野でも新しいパラダイムを導き，テキストマイニングの精度を高めるのに貢献し始めている。機械学習，深層学習の発展は，語の類似性にとどまらず，文脈全体の類似性を発見することを目指すなど，構造化されていないテキストデータから，知識の新しい発見手法を実現し始めている。

以上のように，AIの進化と普及によって，テキストマイニングに対する意義と必要性は高まっているし，またそれを実現するための新たな手法も生まれ始めている。このことが，前著に続いて本書を刊行することになった理由である。

このようにテキストマイニングの重要性や意義が高まっているにもかかわらず，初めてテキストマイニングを試した企業人が，「期待外れだった」「この程度の知識しか得られないのであれば，労力をかけてマイニングする必要はなかった」と失望し，離れていく場合も少なくないようである。この原因の1つは，テキストマイニングをテーマとする類書・研究論文の多くが，統計解析手法そのものの高度化を追求して論じることに特化している場合が多く，企業の場で実際に役立つ知識を獲得することを第一義的目的にするという意識が不足していることにあると思われる。

実際，単に統計解析手法を適用するだけでは，テキストデータから打ち出の小槌のように簡単に価値ある知識が得られるわけではない。注目されている深

層学習は画像処理にはかなり有効であり，医療における画像診断，セキュリティサービスにおける顔認証などにも有効であることが分かっているが，自然言語を理解するには未だ十分にはほど遠いというのが現実である．自然言語の統計解析手法，自然言語処理へのAIの適用について，さらに基礎的な研究の積み重ねが待たれる．

　しかし，そうであるからといって，テキストマイニングに失望し，自然言語の統計解析手法やAIの応用技術が確立されるまで何もせずに離れてしまえば，その潜在的意義を失ってしまうことになるであろう．企業の意思決定を委ねるに足るだけの信頼性のある知識を獲得するには不十分なツール／解析手法であっても，工夫次第で完全ではないにしても企業の実践の場で利用可能な価値ある知識が得られるからである．本書の目的は，このようなスタンスに立って，企業での実利用を重視した実践的なテキストマイニングの手法を提示することにある．本書の特徴は以下にある．

　第1に，人（分析者）が果たす重要性を重視することにより，知識の精度と質の向上を目指す点である．おそらくテキストマイニングが期待外れと誤解される理由の1つは，実利用できるだけの信頼性に足る知識を統計解析から得ることができるように人が工夫し，コンピュータに人が歩み寄るという努力が欠けていることにあるように思われる．実利用できる知識を得るためには，マイニングツールが精度の高い知識を得るように，それに最も適したテキストデータを発見・利用することも必要であるし，そのテキストデータの加工（前処理）や適切な辞書づくりも必要であるし，解析結果の深い意味を読み取るだけの背景知識を分析者があらかじめ有しておくことも必要である．そのために前著では，社内の「知識共有システム」を構築することの意義などを論じたが，本書では，①形態素のレベルでの統計解析の適用ではなく複合語のレベルでの共起関係の解析，②係り受け関係を反映した句のレベルでの統計解析の適用，③AI利用の可能性，などを論じる．

　第2に，テキストマイニングには唯一の普遍的な手法があるのではなく，それぞれの分析目的に応じて，それに適した手法を工夫し適用する必要があるので，さまざまな目的を事例として取り上げて，そのための手法を論じる．例え

ば，長期的観点から企業戦略のグラントデザインを描くという目的，AIスピーカーという特定の製品に求められる機能を発見する目的，AIスピーカーがその機能を実現するための要素技術を発見するという目的では，それぞれに用いられるテキストデータも解析手法も異なる．企業戦略のグランドデザインを描くためにはテキスト全体を公平に鳥瞰するというマイニング手法が必要であり，必要な技術的アイデアの探索のためには一部の特長語にフォーカスして深掘りする手法が必要であろう．コールセンターのログから急増するクレームを予測する場合には，時系列データの伸び率に着目する手法が重要になるであろう．このような目的に応じた違いを例示するために，本章では複数の業種の事例を取り上げてテキストマイニングの適用事例を論じる．

このようなさまざまな工夫により，未だ確立されていない解析手法であっても，テキストデータから企業に利用可能な知識を得られると期待される．とはいえ，さまざまな解析手法の工夫にもかかわらず，常に満足できる知識が得られるとは限らないことも事実である．そもそもテキストマイニングから得られる知識の精度は，かなりの程度において解析対象とするテキストによって左右される．とりわけ深層学習の場合は，学習に利用されるテキストの量が決定的に重要である．AIによる銀行の与信判断や顔認証などは，大量のデータが不可欠である．したがって，ビジネスを通じて大量のデータを得られ，利用できる，いわゆるGAFAをはじめとする米中企業が優位にあり，日本企業はハンディキャップを背負っているといわれることが多いが，これは否定しがたい事実であろう．

しかし，企業が戦略立案などに必要な知識は，それぞれの企業に固有（firm specific）なものである場合が多く，分析する側にその背景知識・関連知識もあらかじめかなりの程度において蓄積されており，それをさらに深掘りし検証する場合が多い．このような企業に固有の知識を得るためには，一般的な内容が叙述されたテキストの量を増やすよりも，量的には少なくても求める知識に関連した叙述を多く含むテキストを精緻にマイニングするほうが，優れた知識の発見を可能にする場合が多いと思われる．このことは，自動翻訳の精度を高めるために，医療，工学，ビジネスなどに特化したシステムが必要であるとい

う事実を思い起こせば納得されるであろう。

　日本企業の強みは，ヴァーチャル空間のビジネスにではなく，自動車，ロボット，工場の制御システムなど，モノづくりや社会インフラなどのリアルの世界にあり，この事業の継続によって工場の制御データ，社会インフラの管理データ，営業日誌など自社事業から生まれたデータや，さらに業務と関連の深い外部データ（業界記事，特許公報など）は，その量は少なくても信頼性の高いデータが得られる。これらのリアルな活動から得られるテキストのマイニングは，企業の求める知識の貴重な源泉である。これらのデータのマイニングに有効な手法の開発が求められる。今後の課題としたい。

　前著の執筆者は，埼玉大学社会人大学院の私の研究室を中心に組織されたMOT研究会のメンバーであり，その全員が同人学院を離れて以後も議論を続けてきた。本書の企画段階では，ほぼ全員が執筆の予定であったが，それぞれの本来の業務が多忙なために，可能な一部のみが執筆することとなったが，研究会の議論の成果は本書に摂取されている。本書が日本経済・企業の中長期計画の立案，研究開発プロジェクトの立案と実施などに利用できれば，著者一同，望外の喜びである。

　前著に続いて，本書も中央経済社編集長杉原茂樹氏のご厚意に負っている。心よりお礼申し上げる次第である。

2019年6月

著者を代表して

菰田文男

目　次

まえがき　*i*

序章　テキストマイニングの基本と使い方

0-1　本書の構成／2
0-2　テキストマイニングとは何か／3
0-3　テキストマイニングの留意点／4
0-4　テキストマイニングの面白さ／7
0-5　AIを使ったテキストマイニング／8
0-6　働き方改革に合わせたテキストマイニングの使い方／9

第1章　人工知能研究の進展化における分野依存型テキストマイニングの展望と課題

第1節　はじめに ……………………………………………………… 11
第2節　自然言語処理研究が直面している問題状況 ………………… 13
　　2-1　自然言語処理におけるラベル付け問題と精度向上／13
　　2-2　自然言語処理研究者による精度向上問題への省察／14
第3節　人工知能の発展による自然言語処理研究への期待と限界 ・ 16
　　3-1　今日脚光を浴びる人工知能／16
　　3-2　人工知能の研究領域と自然言語処理の位置づけ／19
　　3-3　深層学習による自然言語処理への期待と限界／21
第4節　テキストマイニングの研究動向 ……………………………… 22
　　4-1　テキストマイニングに関する研究論文件数の推移と研究分野別構成比／22
　　4-2　上位3分野における研究内容の特徴／23

第5節　今後の分野依存型テキストマイニングの展望と課題 ……… 27
　　5-1　データの分析・思考プロセスからみたテキストマイニング・ツールの位置づけ／27
　　5-2　官民における自然言語処理研究の重点方向／32
　　5-3　今後の分野依存型テキストマイニングの展望と課題／33

第2章　ピンポイントフォーカス型テキストマイニング手法
―健康管理用ウェアラブル機器ビジネスを事例として―

第1節　はじめに …………………………………………………… 37
第2節　テキストマイニング手法 ………………………………… 38
　　2-1　ピンポイントフォーカス型テキストマイニング手法／38
　　2-2　利用するデータ／40
第3節　ピンポイントフォーカス型手法の手順 ………………… 41
　　3-1　ピンポイントフォーカス型テキストマイニングに求められる知識／41
　　3-2　マイニングの手順(1)　TBの作成／45
　　3-3　マイニングの手順(2)　基本句の作成と進化／47
　　3-4　マイニングの手順(3)　TBの結びつけ／49
　　3-5　TBを5文単位とすることの妥当性の検証／50
第4節　語の出現頻度分析 ………………………………………… 52
　　4-1　単出現頻度の時系列による鳥瞰図の獲得／52
　　4-2　単語セット作成のため人工知能全体の鳥瞰／54
第5節　共起出現頻度による人工知能の応用分野と特長語の発見 · 58
第6節　ピンポイントフォーカス型テキストマイニングのためのピンポイントのアクセス ……………………………………… 62
　　6-1　特長語の発見および特長語を含む基本句の作成／62
　　6-2　特長語発見のための医療・介護・健康管理に関する語の出現頻度／62

  6-3 特長語の設定／66
  6-4 基本句の作成／67
  6-5 助詞も含めた共起関係の抽出／69
  6-6 深層学習の利用による基本句の進化／75
第7節 テキストの類似性による知識の精緻化 …………………………… 77
  7-1 クラスター分析によるTBの類似性発見／78
  7-2 特長語の検索によるTBの結びつけ／80
  7-3 深層学習を用いたTB間の類似性発見／82
第8節 まとめ ………………………………………………………………… 88

第3章　深層学習による日本の水資源行政の国際分野の動向分析

第1節 はじめに ……………………………………………………………… 91
第2節 Word2vecを利用して関連キーワードを抽出するためのパラメータの選定 ………………………………………………………… 93
  2-1 背景と目的／93
  2-2 分析方法／93
  2-3 分析結果／94
  2-4 考察および結論／94
  2-5 分析対象テキストの基本統計量／96
第3節 深層学習ツールを適用した水資源行政の国際分野の動向を時系列分析 ……………………………………………………………… 99
  3-1 背景と目的／99
  3-2 分析方法／99
  3-3 分析結果，考察および結論／104
第4節 水資源白書の国際分野に限定したテキストからみる毎年出現する特定単語「協力」の意味の変遷 ……………………………… 107
  4-1 背景と目的／107
  4-2 分析方法／107
  4-3 分析結果，考察および結論／113

第5節　おわりに ……………………………………………………… 114

第4章　テキストマイニングに基づく手術ロボット研究の動向分析

第1節　はじめに ……………………………………………………… 117
第2節　課題の設定 …………………………………………………… 118
第3節　データと前処理，解釈上の注意 …………………………… 120
　3-1　データ／120
　3-2　データの前処理と解析手法／122
第4節　人工知能，ロボットの導入実態 …………………………… 123
第5節　人工知能・手術ロボットの利用用途 ……………………… 127
　5-1　脳神経外科の要素技術／127
　5-2　機能，要素技術別とAI，手術ロボットの共起頻度／130
第6節　アソシエーション分析による知識の精緻化 ……………… 138
　6-1　アソシエーション分析／138
　6-2　触覚技術と人工知能・ロボットの関係／140
第7節　構文解析 ……………………………………………………… 143
　7-1　元データから獲得できなかった知識／143
　7-2　4および8単語TBによる知識獲得／147
　7-3　知識の精緻化(1)　複合名詞／148
　7-4　知識の精緻化(2)　句／149
　7-5　知識の精緻化(3)　主語，動詞，目的語，補語／154
第8節　むすび ………………………………………………………… 157

第5章 機械学習，深層学習，テキストマイニングの融合による知識探索
―地域ブランディングに関する新聞記事の内容分析―

- 第1節　背景と目的 …………………………………………………………… 159
- 第2節　事前知識とリサーチ・クエスチョンの設定 ……………………… 160
  - 2-1　地域ブランディングを取り巻く状況／160
  - 2-2　リサーチ・クエスチョンの設定／161
- 第3節　分析方法 ……………………………………………………………… 162
  - 3-1　分析の全体像／162
  - 3-2　分析対象データの特性（Step 1）／162
  - 3-3　専門用語（複合語）辞書の整備（Step 2）／163
  - 3-4　文書トピックの推定手順（Step 3）／164
  - 3-5　深層学習とテキストマイニングの組み合せによる段階的分析の手順（Step 4）／164
- 第4節　文書トピックの推定結果 …………………………………………… 168
  - 4-1　文書トピック推定結果／168
  - 4-2　トピックモデルの意義と限界／168
- 第5節　深層学習とテキストマイニングの組み合せによる段階的分析の結果 ……………………………………………………………………… 170
  - 5-1　地域資源の相違に基づくテキストの仕分け／170
  - 5-2　地域ブランディングの活動目的の比較結果／170
  - 5-3　地域ブランディングの関与主体の比較結果／171
  - 5-4　地域ブランディングの活動内容の比較結果／173
  - 5-5　時系列分析の結果／174
- 第6節　総括と今後の課題 …………………………………………………… 176

あとがき　179
索　引　181

序章
テキストマイニングの基本と使い方

　本書は，ビジネスパーソンが抱えている課題を，従来からのテキストマイニング手法だけでなく，AI（人工知能）技術を導入した手法も用いて解決するマイニング事例を解説する。

　ここ数年で飛躍的に技術が進歩したAIは大変注目され，さまざまな課題を解決できるツールとして脚光を浴びており，AIという名前を聞かない日はない。大量のデータの中に埋もれていて，すぐには検索できない深層的な課題を明らかにし，かつ課題の解決方法のヒントを発見できるテキストマイニングの世界でも，AIが徐々に使われ始めている。自身が抱える課題を，テキストマイニングとAIを使えば解決できるのではないかと興味を持つ読者も多いと思われる。

　本書は，すでにテキストマイニングを使いこなし，さらにAIで高みを目指す人のニーズに応えるための研究書であるだけでなく，テキストマイニングもAIも使ったことはないけれど，会社からAIなら解決してできるのではないかといわれている，あるいは今までのやり方では解決できない問題をテキストマイニングやAIを使って解きたいと考えている人が読み進めることによって，テキストマイニングには何ができるのか，それにAIを導入することはテキストマイニングの意義をどのように高めるのかを理解し，課題の解決事例からご自身の課題解決のヒントをつかめる入門書でもある。

0-1　本書の構成

　本書の各章で，どのようなテキストデータを使うのか，それをマイニングするためにどのように加工（前処理）することが必要なのか，どのような統計解析手法を使うことによってどのような知識を発見できるのか，それにAIを導入すればテキストマイニングの価値がどのように高まるのかを論じる。その章別構成は以下である。

　第1章　人工知能研究の進展下における分野依存型テキストマイニングの展望と課題

　　　企業におけるテキストマイニング利用の可能性と限界を，特に人工知能利用に重点を置いて解明する。

　第2章　ピンポイントフォーカス型テキストマイニング手法

　　　多変量解析，深層学習ツールを用いることによって，「日経BP」「特許公報」からウェアラブル医療・健康管理端末の利用に必要な機能，技術動向を発見する。

　第3章　深層学習による日本の水資源行政の国際分野の動向分析

　　　「水資源白書」に深層学習ツールを適用して，日本の水資源行政の国際分野の動向を時系列分析し，戦略の流れを明らかにする。

　第4章　テキストマイニングに基づく手術ロボット研究の動向分析

　　　国際脳神経外科学会誌「Neurosurgical Focus」からテキストブロックを作成して，アソシエーションルール分析と構文解析手法を適用し，研究動向を知る。

　第5章　機械学習，深層学習，テキストマイニングの融合による知識探索

　　　潜在的意味解析，深層学習を利用して，「日経新聞」の記事の単語のグループ化し，ニーズを発見する。

　この分析のために，まず序章では，テキストマイニングやAIについて詳しくない読者でも読み進められるように，テキストマイニングおよびそれへのAIの導入とは何なのか，どのような技術なのかをやさしく解説する。

0-2　テキストマイニングとは何か

　テキストマイニング（Text Mining）は，文字どおり社会にあふれる文章（Text）というビジネスの鉱脈を採掘（Mining）して，その中から従来の調査や検索では見つけることができなかった意味を発見する作業である。テキストマイニングによって発見できる意味と，そのための手法は3つにタイプ化できる。

① 膨大な文章データの中から，必要な部分を含む文章を見つけ出す
　　探したいキーワードを入れると，そのキーワードが含まれる複数の文を見つけ出す情報検索機能。
② 膨大な文章データの中から必要な部分を見つけ出し，分析して，役立つ知見を探し出す
　　探したいキーワードを入れると，そのキーワードが含まれる複数の文を見つけ出し，各文章を分析し評価し役立つ知見を見つけ出す。
③ 文章の特徴やパターンを分析する
　　例えば，ある作家の小説を複数学習させることで，その作家の記述の癖やストーリ展開を見つけ出す。その作家以外の人がキーワードを入れると，AIがその作家風の小説を書くことができる機能である。そのために，出現する単語や短文の分析ではなく，文章全体の統計的な分析を行うことで，執筆者の主張などを発見する。

　このような知識や意味を発見するために，社会にあふれる多数の文章を解析する。その文章とは，社内や全世界に存在する膨大な文章やSNSなどのインターネット上の投稿，つぶやきやコメントおよび企業のホームページやニュース，さらには図書となっている本や論文など，ありとあらゆる文字データを含んでいる。さらに，インタビューやコールセンターでの顧客との会話など，文字以外の情報を文字に変換してマイニングすることもよく行われる。これら有効ではあるが，膨大すぎて人の能力では読み切れない，探しきれない，気づけない，発見できないけれど欲しかった意味が，テキストマイニングを使えば探し出せるようになる。

0-3　テキストマイニングの留意点

　テキストマイニングは，日常触れている文字やいつも行っている会話の中から，新たなビジネスのヒントや社会が進む傾向が見つかる可能性がある魅力的な手法である。しかし，これを使いこなすには，基礎的なノウハウとコツが必要である。その理由は，以下のとおりである。

　テキストマイニングはデータマイニングの一種である。一般に，データマイニングは，数字などの定量的なデータをもとに分析する。例えば，株価変動や気候と商品の販売数量の関係性など，数値化されているデータから意味を発見するために，他の数値データとの相関性などを分析する。私たちが日常的に行っているExcelの表計算や関数を使った分析なども，その1つである。Excelを使えば，すぐに表やグラフをつくることができるのは，取り扱っているデータのほとんどが数字だからである。数字は定量的なデータの代表である。

　これに対して，テキスマイニングが取り扱うデータは，すでに述べたように文章や言葉である。これらは自然言語と呼ばれている。

　自然言語を分析するには，以下に留意することが必要である。

(1)　単語そのものに定量的な量や重みがない

　文にある単語が使われた理由は使い手の価値観にあり，この価値観の違いゆえに同じ単語が同じ定量的な意味を持つものではない。「朝日」と「夕日」ではどちらに価値があるかといわれても，すぐには比較できない。この2つを比較するためには，比較をするための設定があらかじめ必要になる。

　また，1つの単語が複数の意味を持つ場合がある。例えば，「やばい」という言葉について考えてみよう。この単語は従来は否定的な意味合いで使われていたが，最近は肯定的な意味で使われることも少なくなく，称賛に使われることさえ稀ではなくなっている。

　数値データとは異なる自然言語のこのような特殊性ゆえに，出現頻度が高い単語が，肯定的意味合いでも否定的意味合いでも使われる語と関連性が強い場合，その単語が評価されているのか非難されているのかが分かりにくくなり，

そのいずれと捉えるかによって分析結果が全く異なってしまうということになる。このように，言葉は時代とともに変遷することと，人によって使い方が異なる場合があるため，テキストデータを分析をする際にはその使われ方を十分注意する必要がある。このことが，数値データの分析とは異なるテキストマイニングの難しさの原因となる。

　この困難の解決のための1つの方法は，分析目的に応じて適切に辞書を作成・使い分けることによって語義の曖昧性を解消し，それぞれの文脈における一意性を高めることである。

(2) テキスマイニングを行うには事前の処理が必要

　テキストマイニングの別の難しさは，本，新聞や論文をイメージスキャナーで読み取り，テキストデータ化すれば，すぐにマイニングできるわけではないという点にある。自然言語からマイニングの結果を得るには，段階を踏んだ処理が必要になる。

　イメージスキャナーで文章を読み取り，OCR（Optical character recognition：光学文字認識）処理した段階では，1文字1文字の漢字やひらがな，記号，数字，句読点などとして認識することはできても，何について書かれている文章なのか，どういう意味なのかはもちろん，単語としてさえ認識できない。例えば，「テキストマイニング」というテキストデータは，「テ/キ/ス/ト/マ/イ/ニ/ン/グ」という9つのカタカナが並んでいるだけでしかない。これでは，何も分析をすることはできない。

　したがって，テキストマイニングの最初の作業は，1つの文がどのような単語などで構成されているかを見つけ出すことである。これは，コンピュータが文を意味が取れる最小の単位である形態素に分割する「形態素解析」と呼ばれる。形態素解析では，「テキスマイニングはデータマイニングの一種です。」という文は，「テキスマイニング/は/データマイニング/の/一種/です/。」という形態素に分割される。

　形態素解析には，無償で提供されている解析エンジンのソフトウェアがいくつも存在し，日本語を取り扱えるものも複数ある。日本語を対象としたツール

で多くの研究者が使っているのは，MeCabやChaSenなどである。これらはネットからダウンロードして利用できる。

　文が形態素に分割されたら，次に形態素間の係り受け関係を発見する構文解析，それに基づく意味解析，文脈解析へと進むことによって，文章の意味の理解を深めることができる。

　さらに，それぞれの形態素の出現頻度や出現する傾向，複数の形態素の相関関係などを明らかにすることで，有用な意味を知ることができるようになる。

(3) 日本語の曖昧性とコンテキスト

　自然言語は人類の誕生後自然発生をし，長い歴史の中で変化や発展をしてきた。そのため，ルールからは逸脱していながら，人々が許容して使っていることがしばしばある。

　特に日本語は，英語のようにまず主語が来て，次に動詞，その後に目的語や副詞が来るというような，品詞の順序が明確でなくても通じる便利な言語であるため，ルールが曖昧である。例えば，主語が文中や文末に来ても意味は通じる。また，主語の欠如や目的語の欠如が往々にして発生する。

　さらに，長い歴史を持つ日本の場合，住んでいる人たちの間で共通の教養や認識，ルールが発達した結果，前提とする共通の文化や教養のうえで成立しており，そのため日本語の会話や文章は「一から十まで」説明する必要がない。自然言語はさまざまな説明を省略しても，情報交換を十分に行える文化を基盤としている。いわゆるコンテキスト（context）が発達した社会を前提としているのが自然言語の本性であるが，とりわけこのことは日本語に当てはまる。

　そのため，テキストマイニングにおいては，日本語は形態素解析の難解さというテキストマイニングの最初の作業だけでなく，文法的には成立していない文章やその部分だけ読みとっても何をいっているか分からない文章や会話から，重要な意味を探し出す作業が必要となる。この課題を解決するための1つの手法は，照応解析である。主語が省略されている文章に主語を補填して，テキストマイニングをするコンピュータやAIが処理できるようにする作業である。照応とは，代名詞（彼，彼女など）や指示語（あれ，これなど）を用いて具体

的な事象を指し示すことである。

0-4 テキストマイニングの面白さ

　以上のように，テキストマイニングで解析対象とするのは定量化できていない文章や会話である。しかし，そうであることによって，それに含まれている情報量は膨大である。なぜなら，数字では表せない感情や思い，文化や時代背景など，書き手が意識して選択した言葉や無意識に選択した言葉が盛り込まれているからである。テキストマイニングの面白さや優位性は，定量的データの1つのデータが一意であるのに対して，自然言語は単に一意の説明をする単語であるだけでなく，ある時代においてある人が使った言葉はその人の歴史や価値観，長期間および短期間の体験など，多くの要素の中から脳が選び出した一言であるという点にある。

　したがって，解析を工夫することによって，数値データでは分からないさまざまな価値のある知識・意味を取り出すことができる。その一言，一言を分析すること，さらに1人ではなく膨大な人の一言，一言を分析することによって，その時代やその先の時代の進む方向など，人々が意識することがない心の底にある深い意識をも発見できる可能性があるからである。

　例えば，消費者の購入結果やある商品の売上は数値で示すことができる。しかし，数ある商品の中からどのように絞り込みをして最後に1つを選んだかは，結果の数字だけでは分からない。このとき，ニュースやSNSなどをテキストマイニングしてみると，購入までの行動過程が見えてくるかもしれない。

　あるいは，長い開発期間をかけて自社で新商品を出そうと計画し実行しても，開発が完了したときにはその技術が陳腐化していることがある。これを避けるために，市場のニーズはどこに向かっているのか先取りしたい。このとき，業界レポートをマイニングすると，ライバル他社の研究動向が分かり，陳腐化を回避することができるかもしれない。

　このように情報量が多い文章や発言から，顕在化されていないさまざまな知識などを明らかにすることができないかと始まったのが，テキストマイニングである。

0-5　AIを使ったテキストマイニング

　このように大きな潜在的可能性がありながら，第3項で述べたような日本語に特有の意味の曖昧さやルールの逸脱など，さまざまな困難があるために，英語などに比べて日本のテキストマイニング研究は遅れていた。そのため，一部の専門家が使う道具であり，多くの人は名前を知っていても使いこなせない難しい道具であった。この結果，これまでテキストマイニングは広く普及することはなかったのである。

　しかし近年，日本語形態素解析技術や構文解析技術が少しずつ進歩することによって，データの前処理に膨大な時間をかけることなく，マイニングすることができるようになってきた。

　それに加えて，昨今，機械学習や深層学習等のAI技術が飛躍的な進歩を遂げることによって，新たな可能性が生まれつつある。

　AIをテキストマイニングに使うことによって，従来は取り扱いが難しかったテキストマイニングを平易化することが可能になる。また，解析対象とするデータを増やすことによって単語の類似性の精度を高めるだけでなく，文全体の意味の類似性を発見するという，これまでにない可能性を生み始めている。したがって，本書では，従来からのテキストマイニング手法をベースとしたうえで，さらに進化途上のAI技術を導入し組み合わせることによって，テキストデータから貴重な知識や意味を発見するための手順を模索し提示する。そのために，潜在的意味解析に始まり，Googleの開発した深層学習ツールであるWord2vec，Doc2vecなどの成果を適用し，その意義とともに現状の限界の実証をする。

　とはいえ，これら各種アルゴリズムやツールは，まだまだ基礎研究が中心で，企業が使いこなし，信頼性を求められる場での知識を獲得する事例が少ないのが現状である。なお，AIでの処理は深層学習を使うことが中心になっているが，その処理過程はブラックボックス（処理過程が可視化できない状態）化しており，コンピュータが導き出した結果を検証することや理解することができないという課題もある。

したがって，本書では，AIによるマイニングの限界を踏まえて，その可能性を可能な限り生かすために，①テキストデータの「前処理」の手法を提示する，②アルゴリズム／ツールと人間の背景知識との「協働」のための手法を本書で提示する，③確率論的手法が主導する形で進められ，逆に構文解析手法の意義が薄れつつあるという現状を反省し，構文解析技術をいかに生かすことができるかを考える。

このように本書では，従来からのテキストマイニング手法だけでなく，AIを導入した手法を対象とすることによって，テキストマイニングに詳しくない読者のためにテキストマイニングの基本を例示するとともに，AIを利用するテキストマイニングについて複数の事例を取り上げ，ビジネスの世界で使える道具であることを論じる。

0-6　働き方改革に合わせたテキストマイニングの使い方

以上で述べてきたように，本書では企業に属するビジネスパーソンがテキストマイニングにより必要な知識を獲得するための手法について論じるのであるが，テキストマイニングは今後ますます強く求められるようになるであろう。なぜなら，現在，「働き方改革」の重要性が認められるようになっているのであるが，その理由の1つは生産性向上の必要性にある。特に，海外企業に比べ生産性が低いといわれているデスクワークの効率化を図る取り組みが求められているが，テキストマイニングがそれを可能にすると考えられるのである。

例えば，企業の提案資料や企画書，報告資料などは，多くの場合これまでに作成した資料を再利用して新たにつくられる。このとき，多くの企業で，自分が使っているPC以外に，社内で作成された過去の資料をデータベース化して検索が可能になっているであろう。すなわち，ある担当者が新たな資料を作成する場合，まず自分がつくった過去の資料やデータを見直す，自分が使っているPCのデータのキーワード検索をするなどの作業を行い，つくりたい資料に近い資料やデータを見つけ出すであろう。社内で作成された資料をサーバーなどで一元管理をしている企業であれば，キーワード検索を行い同じキーワードでヒットした資料のリストを表示させ，その中から必要な資料をダウンロード

して利用する。これらのデータにテキストマイニングを適用して，キーワード一致検索，類似キーワード検索などを行い，さらにAIが文章を読み文節単位の検出，文脈からの検出を行う。このようにテキストマイニングとAIが必要と判断した資料が整えてくれ，作業者は揃った資料から自分が必要とするデータを使いながら資料作成をすることができる。

さらに，資料をAIがつくってくれることも可能になりつつある。人はAIがつくった資料を読み，修正や追加が必要な部分だけをつくるだけですみ，大幅な作業時間短縮を図ることができる。

このようにして，オフィスのデスクワークの生産性を大きく向上させることが可能になるが，それだけでなくオフィスの外部でも作業効率の向上に役立つ。このようにして，製造や物流において仕入データ，製造時データ，検査データ，在庫管理，発注管理，運搬計画，販売管理，顧客の反応情報など各部門で管理されている文章データを一元管理して，テキストマイニングからサプライチェーンマネジメントとして生産の最適化や品質の向上，売上向上を図ることができる。

以上のように，テキストマイニング，およびそれへのAIの導入は大きな成果が見込める。AIの利用については，次章以下で理解を深めていただきたい。

第1章

人工知能研究の進展下における分野依存型テキストマイニングの展望と課題

第1節 はじめに

　テキストマイニングは，テキストデータを扱うための自然言語処理，膨大なデータから有用なパターンを発見するためのデータマイニング技術，テキスト分類などを行う機械学習のアルゴリズムなど多様な技術を組み合わせた複合技術である（那須川 et al., 2001）。今日，テキストデータの多様化と量的拡大にともない，そこから獲得したい知見が多様性しているなど，ビジネスや医療，教育のみならず社会のさまざまな専門分野においてテキストマイニングへの関心が高まっている。一方，自然言語処理研究の多くは，主に日常用いられる日本語文の解析を想定した研究をしているため，テキストマイニングにおける形態素解析の技術は特定の専門分野の特殊性を考慮したものとはなっていない（小山・竹内，2014）。また，今日の人工知能（Artificial Intelligence：AI）ブームのもとで，機械学習（Machine Learning）や深層学習（Deep Learning）などを活用したテキストマイニングの取り組みも少しずつ登場している。しかし，人工知能に対する理解の仕方はさまざまであり，必ずしも収束していない。中でも人工知能の応用分野は画像認識，音声認識，自然言語処理があるが，一般にはそれらの違いが十分に認識されままマスコミ報道される先端事例が一人歩きし，テキストマイニングも格段に進歩したかのような印象を抱く

人々も少なくない。

　そこで，本章の目的は，自然言語処理研究が直面している問題状況と，人工知能の発展による自然言語処理研究への期待と限界を明らかにしたうえで，分野依存型テキストマイニングの展望と課題について考察することとする。ここでいう分野依存型テキストマイニングとは，自然言語処理や人工知能の専門家ではなく，経営学，教育学，社会学，医学などの特定の専門分野におけるテキストデータに対して，テキストマイニングを活用して有益な知見を抽出・発見したいと考える研究者や実務家が行うテキストマイニングを意味している[1]。筆者が分野依存型テキストマイニングという表現を用いる理由は，単語レベルに分解されたテキストマイニングの結果を統合して解釈する際には，分析者が保有する特定分野の専門知識と目的意識や価値観などが不可欠であり，現状の人工知能のみならず，テキストマイニング・ツールではそれを自動的に補完することが困難だと考えるからである。そして，後述するように，自然言語処理研究者が取り組む研究内容と一般のテキストマイニング利用者の期待との間には大きなギャップがあるため，本章での考察がそれを少しでも埋める役割を果たしたいと考えているからである。

　本章の構成は次のとおりとする。第2節では，テキストマイニングの重要な要素技術である今日の自然言語処理研究が直面する問題状況について論じる。第3節では，第3次ブームを迎えている人工知能研究の発展がもたらす自然言語処理研究への期待とその限界について言及する。第4節では，自然言語処理や人工知能研究の動向を念頭に置きながら，今日までのテキストマイニング研究の特徴を分析する。第5節では，第2節から第4節までの検討を踏まえ，データの分析・思考プロセスにおけるテキストマイニングの位置づけを再確認するとともに，官民における自然言語処理研究の重点方向を加味したうえで，今後の分野依存型テキストマイニングの展望と課題について考察する。

1　長野 et al. (2000) などでは「分野依存」，小林 et al. (2003) では「領域依存」，Feldman and Sanger (2007) では「ドメイン依存」という用語が用いられているが，本章では「分野依存」とした。本章は，ビジネスの現場において有益な知見を獲得したいと考える経営学研究者あるいはビジネス実務者の立場からの見解であることを付記しておきたい。

第2節　自然言語処理研究が直面している問題状況

2-1　自然言語処理におけるラベル付け問題と精度向上

　自然言語とは通常私たち人間が用いている日本語や英語のことであり，自然言語処理とは自然言語を処理する技術や学術分野の総称のことである（那須川，2006；小町 et al., 2016）。自然言語処理研究には，入力を自然言語とする解析系と，出力を自然言語とする生成系の2つの方向性がある。前者の例は形態素解析や構文解析などであり，後者の例は音声認識や仮名漢字変換などがある。翻訳や要約のように，入力と出力の双方が自然言語の場合もある（森，2012；太田，2017）。

　自然言語は，複雑で多様な情報を一定の文字列に符号化でき，同じ文字列でも複数の意味を表現できる。その反面，特定の言語表現には複数の解釈の可能性がある点で曖昧性に満ちている。また，同じような意味内容だが，異なる表現が複数存在するという同義性を有する。こうした自然言語の特性から，その処理には「曖昧性の解消」と「同義・含意関係の認識」といった2つの対処が必要となる。すなわち，いくつもの解釈があり得る言語表現に対して真の解釈を推定・選択する作業と，抽出された情報同士の意味的な類似性や包含関係を正しく認識する作業である（乾・浅原，2006）。

　自然言語処理に関する作業には，形態素解析，固有表現抽出，係り受け解析，極性評価，同義・含意関係の認識などがあるが，いずれもが「ラベル付け問題」として定式化できる。例えば，形態素解析は文字列を単語に分解して品詞を付与すること，固有表現抽出は人名・組織名・地名などの出現箇所を特定すること，係り受け解析は係り先の文節を選択すること，極性評価は特定の言語表現が肯定的・否定的な意味のどちらを有するのかを判定すること，同義・含意関係の認識は与えられたテキストが同義あるいは含意関係にあるか否かを選択することといえる。すなわち，解釈の選択肢の中から正しい解釈を選択する

こと(正しいラベルを付けること)と理解することができる。このように，自然言語処理をラベル付け問題として定式化することで，さまざまな統計的手法や機械学習のアルゴリズムを適用することが可能となった(乾・浅原, 2006；小町 et al., 2016)。

2-2 自然言語処理研究者による精度向上問題への省察

ラベル付け問題の正答率を向上させていく方向性が確立されたことが，自然言語処理研究を進展させたという点では評価できる。一方，こうした方向性に対して，大規模なコーパス[2]を使用した用例ベースや統計処理に傾斜した研究が多く，言語処理の中心的課題であるはずの意味解析が棚上げされているとの警鐘を鳴らす声がある(田中, 2000；池原, 2001)。あるいは，自然言語処理研究者の本来の目標は，新技術の開発や新しい研究の芽を見つけ技術の発展を実現することにあるが，既存技術のチューニングや他者の優れた技術を利用してシステムを作成し，精度を競うだけの者がいるとの非難もある(関根, 2016)。こうした批判に危機感を抱いた自然言語処理研究者は，言語処理学会 Project Next NLP[3] を開催した。同ホームページのトップページには，自然言語処理の応用技術として，対話技術(1960年代)，情報検索技術(70年代)，情報抽出と要約技術(80年代)，質問応答(2000年代)などが研究されてきたが，その精度は60%程度の達成後にそれ以上の向上がみられないまま，新たな応用を求めて移ろって来たという背景認識が示されている。そのうえで，「本質的ではない精度向上に満足してはいないか」，「何が本質か見失っていないか」，「難しい問題を避け，次なる目新しい課題に移ろい続けてはいないだろうか」といった問題意識を共有するようになった(関根・乾, 2016)。

しかし，自然言語処理研究者のスタンスには，大きな変化があるようには思われない。実際，筆者が自然言語処理研究者の集まる学会に出席し，その研究発表を聞いていても，これは自然言語処理の研究なのだろうかと疑いたくなる

---

[2] 前川(2009)によれば，コーパス(corpus)とは，言語研究もしくは言語処理のために収集された大規模な言語データで，コンピュータ上で利用可能な形で公開されているものをいう。
[3] Project Next NLPの詳細は，同ホームページ(https://sites.google.com/site/projectnextnlp/)を参照されたい。

場面が少なからずある。なぜならば，著しく細分化された領域において高等数学を用いた精度向上に関する議論が中心であり，そのテキストから抽出される意味の解析に関する議論がほとんどないからである。このため，筆者のように自然言語処理の専門家ではない者からすると，それが何の議論をしているのか，自然言語処理研究のどの部分に貢献しているのかすぐには理解しにくい[4]。

筆者が感じている自然言語処理研究者と分野依存型テキストマイニング利用者の違いについて，その研究目的，使用するテキストデータ，使用する辞書の3点から整理したものが表1-1である。ただし，その違いを端的に示そうとするために，ある程度極端に表現しているので留意されたい。

●表1-1●自然言語処理研究者と分野依存型テキストマイニング利用者の違い

	自然言語処理研究者	分野依存型テキストマイニング利用者
研究目的	主にラベル付け問題の精度向上	主に意味の発見，知識の獲得
使用するテキストデータ	大規模コーパス，一般文書	特定分野のテキスト
使用する辞書	一般辞書	専門用語を搭載した辞書

(出所) 筆者作成。

自然言語処理研究者は，主にラベル付け問題の精度アップを研究目的としているのに対し，分野依存型テキストマイニング利用者は，自身が専門とする分野のテキストから抽出される意味の発見や知識を獲得することにある。使用するテキストは，前者が大規模コーパスや一般文書（例えば，WikipediaやTwitterなど）であるのに対し，後者は特定分野のテキスト（例えば，研究論文，特許文書，有価証券報告書など）である。また，使用する辞書は，前者が一般辞書（例えば，IPA辞書，UniDicなど）であるのに対し，後者では一般辞書では専門用語の形態素解析ができないため，専門用語を搭載した辞書が不可欠となる。とりわけ，分野依存型テキストマイニング利用者は，使用するテキストの収集とその前処理や，専門用語を解析するための辞書整備に相当の時間を要する。何よりテキストマイニングの結果から得られる意味の解釈（命題の抽出）こそが最重要問題となるからである。しかし，自然言語処理の研究者から

---
4 坪井 et al.（2017）は，各言語解析は相互に複雑な依存関係にあるにもかかわらず，部分問題の最適化問題となったことで，全体を最適化することが困難になっていると論じる。

は，専門辞書の必要性や抽出された意味命題の中身に関する議論はあまり出てこない。

第3節　人工知能の発展による自然言語処理研究への期待と限界

3-1　今日脚光を浴びる人工知能

　人工知能[5]の研究は，第1次ブーム（1950年代後半～1960年代），第2次ブーム（1980年代）を経て，今日では第3次ブームを迎えている。人工知能がどの程度の脚光を浴びてきているかについて，日経各紙に掲載された「人工知能」をキーワードとする記事件数を代替指標として，その推移をみておこう（図1-1）。

　1978年にわずか3件であった記事件数は1983年に119件へと増加し，その後は漸次増加傾向を示し，1987年に1,203件とピークを迎えた後に低下傾向を示す。この傾向は第2次ブームと符合する。その後は，100件台から数十件台と低迷する。一方，2013年には185件へと増加し，2015年の851件，2016年の2,659件，2017年の4,881件，2018年には6,006件と急増している。ここに今日の第3次ブームが過去にない規模と勢いで注目されている様相の一端を窺い知ることができる。

　これまでの人工知能ブームの特徴について簡単に振り返っておこう（松原，2015；総務省，2016；古米地，2016；山田，2016；NEDO技術戦略研究センター，2015）。

　第1次ブームは，コンピュータによる「探索」や「推論」技術により人間と同様の知能を実現しようとした。迷路やゲームなど単純な問題は解けるように

5　人工知能にはさまざまな定義があり，収斂されてはいないが，本章では「人間のように考えたり，判断したり，学習したりできるようにする技術・手法」（佐藤，2016），としておこう。なお，松尾（2015）では，国内の主な研究者による人工知能に関する定義が紹介され，その内容が一様でないことが述べられている。松原（2015）によれば，その背景として，そもそも「知性」や「知能」自体の定義がないという背景があることが論じられている。

第1章　人工知能研究の進展下における分野依存型テキストマイニングの展望と課題　　*17*

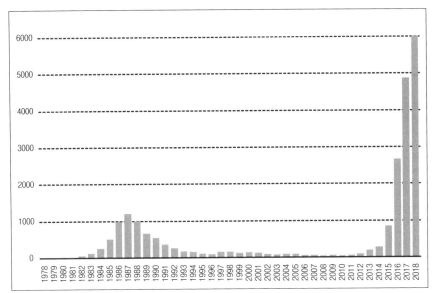

（注1）　1978年1月1日〜2018年12月31日までの41年間の記事。
（注2）　記事媒体は，日本経済新聞，日経産業新聞，日経MJ（流通新聞），日経金融新聞，日経プラスワン，マガジン。
（出所）　日経テレコン21検索結果より筆者作成。

●図1−1●　「人工知能」に関する新聞記事件数の推移

なったが，実用性のあるものは実現に至らなかった。

　第2次ブームは，コンピュータに専門知識を与えて推論（問題解決）できる「エキスパートシステム」の開発が進んだ。併せて，この時期には政府主導による「第5世代コンピュータ」の開発が推進された。しかし，専門知識をすべてコンピュータに教え込むことには限界があった。また，同時期に脳の神経回路に近い仕組みを実現しようとしたニューラルネットも注目されたが，当時のコンピュータの性能では対応ができなかった。なお，この時期における日経各紙に掲載された「人工知能」に関する新聞記事のタイトルのテキストマイニングを行うと，**表1-2**のようになる。ここには，上述したような特徴がキーワードとして表れていよう。

　第3次ブームは，2010年代半ば以降から今日まで続いている。今日のブームを牽引するのは，インターネットやさまざまなセンサーを通じて蓄積され利用

●表1−2● 人工知能に関する新聞記事タイトルのテキストマイニング結果
（第2次ブーム期および第3次ブーム期）

第2次ブーム：1978-1993年

単語	出現頻度
エクスパートシステム	52
ニューラルネット	51
ファジー理論	36
故障診断	36
産官学	36
第5世代コンピュータ	30
機械翻訳	30
高速処理	20
知能機械	14
音声認識	13
自動作成	10
自然言語処理	10
知識ベース	9
並列処理	9
知能化	8
処理速度	7
推論機能	6
脳機能	5

第3次ブーム：2006-2018年

単語	出現頻度
自動運転	473
クラウド	217
フィンテック	200
ビッグデータ	157
画像認識	114
深層学習	98
働き方改革	97
ロボット	64
音声認識	58
サイバー防衛	49
ユニコーン	38
機械学習	34
ネット広告	19
精度向上	19
データ活用	18
仮想通貨	16
アルファ碁	16
量子コンピュータ	16
自然言語処理	15
タクシー配車	12
脳科学	11
新薬開発	11
異常検知	11
アプリ開発	11
トップ棋士	10

（注1） 第2次ブーム期は，6,147件の記事タイトル（1978年1月1日～1993年12月31日）を対象として出現件数5件以上の単語のうち，一般名詞，固有名詞，代名詞などを除いたもの。
（注2） 第3次ブーム期は，15,679件の記事タイトル（2006年1月1日～2018年12月31日）を対象として出現件数十件以上の単語のうち，一般名詞，固有名詞，代名詞などを除いたもの。
（出所） 日経テレコン21より検索した記事タイトルのテキストマイニングにより筆者作成。

可能となったビッグデータの登場と相まって，統計的機械学習[6]のアルゴリズムが開発されことにある。とりわけ，コンピュータが必要とする特徴量（知識を定義する要素）を自ら習得する深層学習が注目されている。この背景には，

大量データを比較的安価に利用できるパブリッククラウドなどの登場により，データ学習を後押ししたという事情もある。また，音声認識と画像認識が融合した自動運転やロボットなどは，素人目にも人工知能の進展を植えつける典型例となった。こうした状況も，新聞記事のタイトルから得られたキーワードに反映されている。

3-2 人工知能の研究領域と自然言語処理の位置づけ

人工知能の研究領域には，機械学習や深層学習などの基礎分野と，画像認識，音声認識，自然言語処理といった応用分野がある（総務省，2016）。前述したように，今日では機械学習や深層学習の進展がみられるが，その応用分野では技術到達レベルに格差がある。そのレベルとして，アルゴリズムや手法の研究を行う「基礎研究レベル」，実用化に向けて試行錯誤を行う「PoC（Proof of Concept）[7]レベル」，商用サービスが登場している「実用化レベル」の3段階がある。今日，音声認識は実用化レベル，画像認識はPoCレベルに達しているが，自然言語処理は基礎研究レベルにとどまっている（古米地，2016）。

ここで，日経各紙に掲載された「自然言語処理」，「画像認識」，「音声認識」をキーワードとする新聞記事件数の推移（図1-2）をみておこう。まず，音声認識に注目すると，1970年代後半から他を上回り，1980年代前半には60件超から80件超を示す。さらに，2000年前後には200件程度に達し，その後はいったん低迷するが，近年では再び増加傾向を示し，2017年には274件に達する。

次に，画像認識は，当初は数件レベルにすぎないが，1980年代半ば以降の第2次ブーム期には増加傾向を示し50件近くに達する。その後は，しばらく低迷を続けるが，2012年以降に急増し，2017年には257件に達するなど音声認識と肩を並べる水準を示す。

一方，自然言語処理は，1980年代半ば以降の第2次ブーム期までは画像認識

---

[6] 統計的機械学習とは，データから統計的方法に基づいて有効な知識を自動抽出する方法論である（松井，2010）。
[7] 一般の企業システムと異なり，人工知能を用いたシステム構築プロジェクトでは，実際に機械学習モデルを構築してみなければ，期待する効果を得られるか分からない。そこで，実際にデータを収集・分析し，これから取り組もうとしているモデル構築が技術的に実現できるかどうかを検証するプロセスのことをPoCという（杉本・松元，2018）。

(注1) 1978年1月1日～2018年12月31日までの41年間の記事。
(注2) 記事媒体は，日本経済新聞，日経産業新聞，日経MJ（流通新聞），日経金融新聞，日経プラスワン，日経マガジン。
(出所) 日経テレコン21検索結果より筆者作成。

●図1－2●自然言語処理，画像認識，音声認識に関する新聞記事件数の推移

とほぼ同水準を維持するが，その後は数件レベルで低迷を続け，2015年以降は増加傾向に突入し2桁台を示す。しかし，他の2分野と比べて5分の1程度の低位レベルにとどまっている。このような傾向をみてみると，新聞記事件数の多さは世の中の話題としての注目度の高さであり，それは技術の到達レベルの代替指標であると捉えてもよいかもしれない。

ところで，人工知能の応用分野として画像認識，音声認識，自然言語処理の3つがある中で，なぜ自然言語処理の技術到達レベルは低位にあるのだろうか。そこには，自然言語処理に特有の人工知能への対応が困難な理由がある。すなわち，それは入力データの質の違いにある。音声データは空気の振動（波）から成る連続的な信号データであり，画像データは光（波）の三原色（RGB）の組み合せ（連続値）から成る信号データである[8]。これらはともに物理的な情報を数値で表現したものであるため，その値を用いて類似度を表現することができる。すなわち，音声データの近い値は近い音を示し，画像データの近い値

---

8 『日本大百科全書（ニッポニカ）』（小学館）を参照した。

は近い画像を表す。一方，自然言語は人間が恣意的に定義した文字（離散記号）で表現され，そこには物理的な情報が反映されていない。このため，記号そのものの情報からでは記号が持つ意味の類似度や関連性を計算することが難しい。こうした自然言語の持つ入力データとしての質の特性こそが，人工知能の適用を困難にさせている（坪井，2015；内海，2018a，2018b；辻井，2018）。

3-3　深層学習による自然言語処理への期待と限界

　音声や画像とはデータの質が異なる自然言語であるが，基礎研究レベルでは深層学習の適用の萌芽がみられる。それは，単語を複数の特徴から成る集まり（ベクトル）として表現する「分散表現」である。これは，単語の持つ意味をコンピュータで扱うために，「単語の意味はその単語が使われた周囲の文脈で決まる」という分布仮説に基づく（坪井 et al., 2017）。この最も知られた例が，Mikolov et al.（2013）が提案したWord2vecである。これにより大規模なコーパスから学習されたベクトルの足し算や引き算が可能となり，意味の演算が行えることが提示された。この登場により自然言語処理の領域において深層学習に対する大きな期待が寄せられた。

　しかし，その効果は音声認識や画像認識ほどのインパクトがなく，性能の向上幅は限定的であり，依然として多くの課題が残されている（AI白書，2017）。専門家からは，その課題として次のような点が指摘されている。第1に，パラメータの数が膨大であり，そのチューニングが属人的で伝承できないことである（山田，2016）。第2に，深層学習では判別を司る関数そのものが複雑すぎて，そこから得られた結果に対して人間には解釈ができないというブラックボックス問題を生んでいることである（福島 et al., 2017；鳥海，2018）。第3に，解析精度の高さと引き換えに，学習のために大量のデータを必要とするが，現実的にその収集が困難なことである（山田，2016；鳥海，2018）。

　こうした課題を抱えることから，自然言語処理においては，現在もなお形態素解析，構文解析，従来型の機械学習などが主流な解析手段として用いられている。

第4節　テキストマイニングの研究動向

4-1　テキストマイニングに関する研究論文件数の推移と研究分野別構成比

　自然言語処理研究が直面している問題状況と，人工知能の適用に限界がある点を念頭に置きつつ，テキストマイニングに関する研究動向を振り返ってみよう。そのために，学術情報データベースCiNii（https://ci.nii.ac.jp/）を用いて論文件数を検索し，その推移を示した（図1-3）。

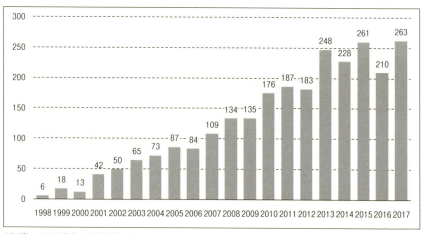

（出所）CiNii検索より筆者作成。

●図1-3●テキストマイニングに関する研究論文件数の推移（1988-2017年）

　今日では，テキストマイニングに関する研究論文が登場してから，およそ20年が経過している。その結果，1998年にはわずか6件ほどであったが，一貫して増加傾向を示し，20年後の2017年には263件へと40倍超に増加している。ここから，今日，テキストマイニングへの関心がますます高まっている様相の一端を窺い知ることができる。

　また，人工知能の進展により，機械学習や深層学習などを用いたテキストマ

イニング研究も徐々に登場しつつある（図1-4）。機械学習とテキストマイニングに関する論文は1999年に1件登場し，その後は数件レベルで上昇傾向を示し，2017年には9件となった。深層学習とテキストマイニングに関する論文は2015年に1件登場し，2017年には3件となった。このように機械学習や深層学習を活用したテキストマイニング研究は僅少であるが，今日のトレンドをみると今後の進展が期待できる。

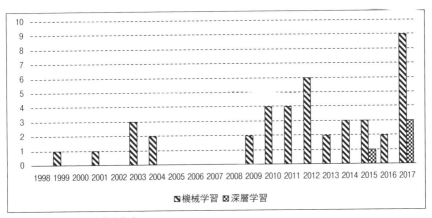

（出所）　CiNii検索より筆者作成。

●図1-4●機械学習や深層学習を活用したテキストマイニングに関する研究論文件数の推移（1988-2017年）

4-2　上位3分野における研究内容の特徴

　1988-2017年の期間におけるテキストマイニングに関する研究論文2,404件を研究分野別に集計した[9]（図1-5）。この結果，合計で13に及ぶ幅広い研究分野に及ぶことが分かった。研究分野別にみると，「情報学」が852件（35.4％）と最も多く，次いで「教育学」の424件（17.6％），「経済・経営学」の395件（16.4％），「社会学」の210件（8.7％），「医学」の195件（8.1％）と続く。上位3分野で全体の70％を占める。

9　研究分野別集計については，各論文が掲載されている学会誌の研究分野に対して「平成29年度科学研究費助成事業系・分野・分科・細目表」と照合しながら分類した。

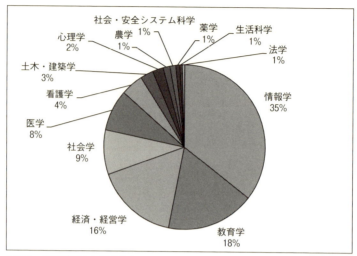

（出所）　CiNii検索より筆者作成。

●図１－５●テキストマイニングに関する研究論文の分野構成（1988－2017年）

　そこで，上位３分野（情報学，教育学，経済・経営学）における研究内容の特徴について把握するために，2,404件の論文タイトルのテキストマイニングを行い，その結果をTF-IDF[10]を用いて分野特有の単語を抽出した。研究内容の特徴は，「何の・誰の（分析対象）」，「何から（分析テキスト）」，「何を（分析事項）」，「どのように（分析手法）」という４つの観点で整理・分類できそうである。そのために，①論文タイトルのテキストマイニング，②分野別にTF-IDFの算出，③分野別に３語以上出現した単語の絞込み，④分野別にTF-IDFの大きい順に上位100単語の抽出，⑤上位100単語をもとに４つの観点から整理・分類，という手順で分析を行った。この結果，極めて大雑把な傾向把握にすぎないが，いくつかの傾向を読み取ることができる。

　情報学分野においては，単語の共起関係，因果関係，抽出手法などをOpen-Data，源氏物語，古典資料，Web，ビッグデータなどの多様な分析データを

10　TF-IDFとは，文書の中から当該文書の特徴語を抽出するときに使う値であり，Term Frequency（TF）とInverse Document Frequency（IDF）のことである。複数の文書がある場合，それらの文書に出現する単語とその頻度（Frequency）から，特定の文書にとって重要な単語を数値化したものである。詳細は，金（2009）などを参照されたい。なお，本章では，便宜上，一分野を一文書として扱っている。

用いて可視化したり，テキスト分類（文書分類）をしたり，自動抽出したりする手法が研究されていることが分かる（表1-3，①）。また，統合環境TET-DM[11]などテキストマイニングに関する複数の技術を組み合わせた環境構築など，大規模な実験プロジェクトなども行われている。

教育学分野においては，生徒・学生や教員などの主体が記載した感想文や通知表の所見，アンケート自由記述などを用いて，それぞれの主体の意識，教育効果や学習成果などについて明らかにする研究が多そうである（表1-3，②）。

経済・経営学においては，企業のイノベーションの動向を特許情報や新聞記事などを用いて可視化すること，顧客や製品，ブランド，消費者ニーズに関して，顧客の声や口コミ情報などを用いて要因分析すること，金融市場の動向を経済新聞記事や有価証券報告書を用いて予測することなどの研究があることが分かる（表1-3，③）。

●表1-3● テキストマイニングを用いた研究の内容

① 情報学分野

分類	単語	TF-IDF
何から（分析データ）	OpenData	0.0025
	源氏物語	0.0025
	古典史料	0.0025
	Web	0.0019
	ニュース記事	0.0019
	ビッグデータ	0.0012
	Twitter	0.0009
何を（分析事項）	共起関係	0.0025
	因果関係	0.0019
	抽出手法	0.0019
	特徴抽出	0.0015
どのように（手法）	統合環境TETDM	0.0051
	可視化	0.0027
	テキスト分類	0.0025
	クラスタリング	0.0019
	自動抽出	0.0019
	機械学習	0.0016
	自己組織化マップ	0.0016

---

11 TETDM（Total Environment for Text Data Mining）は，人工知能学会全国大会の近未来チャレンジのテーマとして，複数のテキストマイニング技術を柔軟に組み合わせて使える統合環境の構築を目指したものである。詳細については，以下のホームページを参照されたい。(http://tetdm.jp/pukiwiki/index.php?TETDM)

② 教育学分野

分類	単語	TF-IDF
何の・誰の（対象）	大学生	0.0104
	小学生	0.0045
	中学生	0.0041
	保育士	0.0034
	教員	0.0028
	児童	0.0026
	高校生	0.0024
	生徒	0.0019
	大学卒業生	0.0017
	留学生	0.0017
何を（分析事項）	授業改善	0.0073
	意識	0.0048
	効果	0.0023
	学習課題	0.0022
	教育効果	0.0020
	道徳指導観	0.0017
	学習成果	0.0016
	授業評価	0.0016
	経年変化	0.0013
何から（分析データ）	感想文	0.0049
	小学校通知表所見	0.0028
	アンケート自由記述	0.0024
	就職活動体験記	0.0022
	自己実現言説	0.0017

③ 経済学・経営学分野

分類	単語	TF-IDF
何の・誰の（対象）	企業	0.0111
	顧客	0.0076
	金融市場	0.0050
	製品	0.0025
	流通業	0.0025
	ブランド	0.0018
何を（分析事項）	イノベーション	0.0084
	社会的責任	0.0034
	顧客ロイヤルティ	0.0025
	組織革新	0.0025
	価値体系	0.0018
	消費者ニーズ	0.0018
	特徴抽出	0.0014
	満足度	0.0014
何から（分析データ）	特許情報	0.0160
	声	0.0063
	インターネット株式掲示板	0.0034

第1章　人工知能研究の進展下における分野依存型テキストマイニングの展望と課題　27

	口コミ	0.0034
	営業日報	0.0025
	経済新聞記事	0.0025
	有価証券報告書	0.0025
	新聞記事	0.0019
	Web	0.0014
どのように（手法）	人工知能技術	0.0034
	可視化	0.0028
	予測	0.0025
	自動分類	0.0025
	要因分析	0.0018
	機械学習	0.0015
	ネットワーク分析	0.0014
	自己組織化マップ	0.0012

（出所）　筆者作成。

第5節　今後の分野依存型テキストマイニングの展望と課題

5-1　データの分析・思考プロセスからみたテキストマイニング・ツールの位置づけ

　これまで自然言語処理研究が直面する問題状況，人工知能研究の発展がもたらす自然言語処理研究への期待とその限界について論じてきた。まず，自然言語処理は，1960年代からさまざまな応用技術に取り組まれてきたが，それぞれの精度は60％程度の水準のまま新たな応用を求めて移ろってきたこと，またラベル付け問題とその精度向上という部分最適に陥っていることが明らかになった。また，人工知能研究は機械学習や深層学習といった側面で目覚しい進展がみられるが，その応用分野である自然言語処理は，そのデータの特殊性（離散記号）から音声認識や画像認識と比較して立ち遅れていることも分かった。
　そこで，今後の分野依存型テキストマイニングの展望と課題について考察するために，そもそも人間によるデータの分析・思考プロセスがどのようにして成立しているのかという点に立ち返り，その中でテキストマイニング・ツールがどのように位置づけられるのかという側面から考えてみたい。

まず，データの分析・思考プロセスの中身をみる前に，視野を拡張して，このプロセスを取り囲む諸要素についてみておく。なぜなら，データの分析・思考プロセスは，それ単独ではなく，世の中に存在する諸要素と相互作用しながら成立すると考えられるからである。諸要因は，まず，「個人（分析者）」とそれを取り囲む「環境」という大きく2つに区分できる。「個人（分析者）」とは，データの分析・思考プロセスを実行する主体のことを指す。「環境」とは，「個人」とその他の要素から成り，相互に影響を与え合う外界全体である。これらの関係性について，模式的に描写したものが図1-6である。

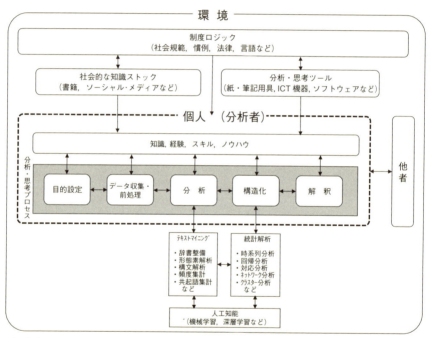

（出所）筆者作成。

●図1-6●人間の分析・思考プロセスとテキストマイニング・ツールの位置づけ

環境の中には，「制度ロジック」，「社会的な知識ストック」，「分析・思考ツール」，「他者」といった諸要素がある。「制度ロジック」とは，その「個人」が存在する地域において歴史的に形成された社会規範，慣例，法律，言語

などであり，分析者の行為を制約するものである。「社会的な知識ストック」とは，これまでに社会的に蓄積されてきた知識全般であり，分析者の能力に応じて活用可能なものである。分析者によって新たに発見された知識は，この部分に追加的に蓄積されていく。「分析・思考ツール」とは，紙・筆記用具，ICT機器（コンピュータやコミュニケーション・ツール），ソフトウェアなど分析者が分析・思考する際に，その能力に応じて活用が可能な道具立てのことである。「他者」とは，世の中に存在する分析者以外の人間であり，分析者が相談したり，アドバイスを求めたりできる専門家のことである。このように，分析・思考プロセスは，近視眼的にみれば，分析者という「個人」の範囲で行われる孤独な行為とも取れるが，広範にみれば，これら6つの要素が相互作用する中で行われる行為とみることができる[12]。

次に，データの分析・思考プロセスの中身についてみる。データの分析・思考プロセスは，おおむね「(1)目的設定⇔(2)データ収集・前処理⇔(3)分析⇔(4)構造化⇔(5)解釈」と表現できる。図中には両方向の矢印として表現されているが，それは新たな知見を発見しようとするデータの分析・思考プロセスが決して単線的なものではなく，先に示した6つの要素の相互作用の中で，試行錯誤が繰り返される現実を反映させたいという意図からである。

(1)目的設定は，各分析の問題意識に基づくものであるため，筆者が具体例を代弁することは困難であるが，そのタイプには，①分類（判別，選別）すること，②傾向を把握すること，③関係性を把握すること，④予測すること，⑤将来の予兆を示すシグナルを発見することなど，少なくとも5種類があろう。

(2)データ収集・前処理は，分析目的に応じて必要なテキストデータを収集することと，その後の分析に向けたデータの前処理するプロセスとを包含する。このプロセスは，精度の高い分析を行うために不可欠であるが，非常に手間がかかる。前者の例としては，専門分野の論文・雑誌・新聞記事，有価証券報告書，特許情報，各種ソーシャル・メディア，営業日報などがある。近年，テキ

---

12 人々の知識に関する認識（認知）や行動は，個人の頭の中だけに存在するのではなく，他者との相互行為の中，その相互行為を取り巻く環境全体といったネットワーク内の至る場所に社会的に分散しているとする考え方は，「社会的分散認知」と呼ばれている（椎木，1998；堀，1991；平本，2005）。

ストデータの中にはセキュリティ対応，著作権保護，個人情報保護などの観点から，テキスト全体の一部しか閲覧できなかったり，パスワード付きのPDFになっていたりと収集が困難になりつつある。後者は，次のような①～⑤の工程があり，適切な分析結果を得るために必要不可欠で手間を要する作業である。①データ・クリーニングは，どのようなテキストデータを用いるかにもよるが，例えばWebテキストの中にはHTMLタグやJavaScriptのコードなどがあり，こうしたノイズを丁寧に除去するものである。②表記の正規化は，文字種，大文字小文字，半角全角，表記の揺れの統一などである。③ストップワードの除去は，どのような文書にも登場する助詞や助動詞などを除去するものである。④データ成形は，テキストマイニング・ツールにかけるために，そのツールに適した様式に成形する工程である。⑤構造化データとの紐付けは，解釈のための適切な文脈を形成するために，属性データなど他の構造化データと組み合わせる作業である。

(3)分析は，テキストマイニング・ツールを活用して，辞書整備をしたうえで形態素解析や構文解析を実施した後に，単語の頻度集計，特徴語との共起語集計などを行う。テキストマイニング・ツールには，フリーウェアを利用したものから商用ツールまで幅広く存在し，それぞれ機能やアウトプット形態が異なるなど個性があるため，分析目的や使い勝手，好みに応じて使い分ける必要があろう。中でも辞書の整備は，極めて重要であり，難題を抱える工程である。なぜなら，分野依存のテキストマイニングを行うためは，一般的な辞書を用いると専門用語や複合語が分割されてしまうことや，類似語を設定しておかないと必要な単語が拾いきれないなど，解釈ための適切なマイニングを行うことができないからである。

(4)構造化は，統計解析ツールに依存できる部分と人間の思考力に頼らざるを得ない部分とに分かれる。前者については，重回帰分析，因子分析，対応分析，ネットワーク分析，クラスター分析などの多変量解析があり，これらは限られたテキストデータ内における要因間の関係性を解読するうえで有効なツールである。一方，後者は，収集したデータの範囲を越えて，分析者がすでに保有している専門知識・経験・スキルや環境に存在する他の要素と統合する領域であ

り，ツールには不可能な作業である。

(5)解釈は，分析と構造化のプロセスを経て，首尾一貫した意味内容として再構築しながら命題化する部分である。このため，仮に同じテキストデータを材料として用いたとしても，分析者によって彼自身の保有する知識・経験・スキルが異なり，環境の諸要因との相互作用の仕方も異なるため，結果として異なった解釈が生まれることになる。

なお，機械学習や深層学習は，分析と構造化の一部に高度なアルゴリズムを適用することで，人間にとっては複雑で高度な作業を高速で行うものとして期待される。しかし，機械学習や深層学習を活用しようとしても，そのための動作環境構築の高い壁がある（佐藤，2015；麻生，2017）。筆者もこの壁に相当程度難儀したが，こうした実態が論文のような形で表に出てくる例は少ない[13]。

いずれにせよ，このようにデータの分析・思考プロセスを人間と環境の諸要素とが相互作用して行われるプロセスであると捉えると，人工知能技術の進展に過度に期待することはあまり現実的であるようには思われない。なぜならば，人工知能には人間のような意思はなく，また人間のように環境の諸要素と自律的につながって相互作用することはできないからである。このため，近年では，人工知能（Artificial Intelligence）ではなく，知能増幅（Intelligence Amplifier）ないし拡張知能（Augmented IntelligenceあるいはExtended Intelligence）と呼ぶべきだという議論が登場している（西垣，2016；Ito，2016；井上，2018）。すなわち，人間と機械が相互作用するネットワークの中に，より高度な情報処理装置が加わることで，人間の知的創造活動を拡張・増幅していると前向きに捉えることができる。その意味では，人間には不得手なより高度な情報処理を実現する装置が登場することは歓迎すべきことであり，積極的に活用していくべきものといえよう。

---

[13] 機械学習や深層学習を実施するに際して分析者は自身で動作環境を構築しなければならないが，一部の研究者が試行錯誤した情報がWeb上に存在するのみで，十分な情報提供がされていない。しかも，それぞれの情報提供者がそれぞれの問題意識のもとで，それぞれの環境で動作テストした結果が掲載されている。このため，その情報を手がかりに，分析者が自身の環境（OSの種類やバージョンなど）下で，異なるアプリケーションのバージョンを用いても，必ずしも起動するとは限らない。この状況でつまずき，結果的に諦めてしまう分析者が相当数にのぼるだろうことが推測できる。

5-2　官民における自然言語処理研究の重点方向

　分野依存型テキストマイニング利用者にとって，より高度な情報処理装置の登場はどれだけ期待できるのだろうか。そこで，官民における自然言語処理研究がどのような方向に重点を置きながら進められようとしているのか確認しておこう。

　まず，国による人工知能技術戦略の方向性からみた自然言語処理の位置づけについてみておく。今日，人工知能技術の研究開発とその社会実装を進めるために，日本の産学官の叡智を集め，各機関の縦割りを排した指令塔として内閣府に人工知能技術戦略会議が創設された。ここでは，総務省，文部科学省，経済産業省所管の5つの国立研究開発法人を束ねている。その直近の方針は，人工知能技術戦略会議「人工知能技術戦略実行計画（平成30年8月17日）」として公表されている。同計画では，①生産性（生産システムの自動化，サービス産業の効率化・最適化など），②健康，医療・福祉（予防医療の高度化，疾患の早期発見，最適治療法の選択など），③空間の移動（自動走行システムの実現など）の3つが重点分野として掲げられている。また，人工知能のうち自然言語処理技術の開発は，総務省の担当領域として，「次世代高度対話技術」，「多言語音声翻訳技術」，「学習データの整備」の3つの領域を重視し，医療，防災，対話といった分野に特化した自然言語アプリケーションの研究開発に取り組むことが提言されている（総務省・情報通信審議会技術戦略委員会，2017）。すなわち，自然言語処理研究においては，自動走行や医療・福祉，対話といった社会ニーズのある新たな領域における応用研究の開発に目が向いている。この点は，特定の応用技術の精度が高まる前に，新たな応用を求めて移ろうという過去のパターンを踏襲しているようにみえる。

　また，民間における自然言語処理の応用研究については，いずれも大手企業ユーザーの特定業務の効率化や高度化を目指した方向が顕著のようである（総務省・情報通信審議会技術戦略委員会「次世代人工知能社会実装WG」配布資料）。例えば，顧客からの問合せや苦情処理に追われるコールセンターの業務効率化，ソーシャル・メディア上にあふれる顧客の声を有効活用しようとする

マーケティング部門の業務高度化，顧客からのインバウンドやアウトバウンドの電話対応に関するセールス業務におけるリスク対応，技術戦略の策定・実行の際に特許情報を活用しようとする知財部門の業務効率化などである。

5-3　今後の分野依存型テキストマイニングの展望と課題

　今日，テキストマイニングへの関心が高まっているのは，自然言語処理学者による基盤技術開発の蓄積があってのことである。また，自然言語処理に精通しない素人ユーザーの使い勝手を考慮し，さまざまに工夫を凝らしてきた民間ソフトウェア・ベンダーの貢献に負うところも大きい。さらに，人間と機械が相互作用するネットワークの中に知識創造活動があり，それを拡張・増幅する新たな情報処理装置の登場が期待されるところである。しかし，官民における今後の自然言語処理研究の方向性を概観する限り，分野依存型テキストマイニング利用者にとっては過度に期待を膨らませるような状況にあるとはいいがたい。

　そこで，これまでに論じてきた内容を踏まえ，分野依存型テキストマイニングをより効率的かつ効果的に活用していくための課題について3点ほど指摘したい。最初の2点は，自然言語処理や情報処理技術の専門家ではない者からみた技術的課題である。

　第1は，テキスト情報の収集・前処理プロセスにおける課題であり，セキュリティ対応やPDF化されたデータが多くなる状況のもとで，これを容易にテキストデータ化し，加工できるような方向を期待する。これは，一定のデータ量を確保するための壁になっており，スタート時点でのつまずきは回避したいという願いである。

　第2に，機械学習・深層学習ツールの導入時の簡素化である。機械学習・深層学習を活用する前段階における動作環境構築に高い壁があり，この時点の膨大な時間を要する試行錯誤の段階でツールの活用自体を放棄してしまうようなことは是が非でも回避したい事項である。なぜなら，仮にその精度が完全ではないにしろ，分析者の工夫により機械学習や深層学習の成果は可能な限り取り込んでいくべきだと考えるからである。

第 3 に，分野依存型辞書の構築であり，ここは分野依存型テキストマイニング利用者が積極的に工夫して取り組むべき課題である。今日のテキストマイニング・ツールに搭載されている辞書は，日常の日本語文の解析を想定しているため，特定分野の特殊性が考慮されていない。この点の追求なくして分野依存型テキストマイニングの価値はない。実際，専門用語を取り込んだ辞書設定により，マイニングの性能が大幅に向上したという報告がされている（小山・竹内，2014）。この点に対しては，例えばテキスト化され公開されている各専門分野に関するシソーラスなどを用いて登録すること，複合語を自動生成するツール[14]を活用すること，Word2vecを用いた類似語の抽出に取り組むこと，手がかり表現を活用して欲しい単語をマイニングすることなど，さまざまな工夫があげられる。これらの点は，分野依存型テキストマイニング利用者が自らアイデアを出しながら取り組むべき課題だろう。

　筆者は，テキストマイニングは知識創造活動のネットワークに埋め込まれた有望で有効な手段であると信じている。なぜならば，経営学を専門とする筆者からみると，経営学の通説とビジネスや経営の現場の人々との認識にギャップがあり，それらが統計データ分析やヒアリング調査からだけでは十分に論拠を示し得ないような場面は多分にあり得るが，そこに大量のテキストデータに横串を刺すことで，その裏づけの一端を示す可能性があるからである。そして，現場に埋もれた知見を発掘する作業が仮に地道で泥臭いものであったとしても，それを現場に返すことで役に立つ知見になり得るとしたら，それは美しい理論よりもずっと有益だと思うからである。

【参考文献】

Feldman, R. and Sanger, J., (2007), *The Text Mining Handbook: Advanced Approaches in Analyzing Unstructured Data*, Cambridge University Press（辻井潤一監訳・IBM東京基礎研究所訳 (2010)『テキストマイニングハンドブック』東京電機大学出版局）.
Ito, Joichi (2016), Extended Intelligence (https://pubpub.ito.com/pub/extended-intelligence).
Mikolov, T., Ilya Sutskever, Kai Chen, Greg Corrado, Jeffrey Dean (2013), Distributed Representations of Words and Phrases and their Compositionality, *Advances in Neural Information Process-*

---

[14] 例えば，源泉Web (http://gensen.dl.itc.u-tokyo.ac.jp/gensenweb.html) などがある。

第1章　人工知能研究の進展下における分野依存型テキストマイニングの展望と課題

ing Systems 26（NIPS 2013）．
麻生二郎（2017）「試して分かったAI開発の意外な落とし穴，動作環境構築に難題」『日経×TECH』（https://tech.nikkeibp.co.jp/it/atcl/watcher/14/334361/020200770/）．
阿部誠（2017）「マーケティングと人工知能（AI）」『マーケティング・サイエンス』25(1), pp.7-14.
池原悟（2001）「自然言語処理の基本問題への挑戦」『人工知能学会誌』16(5), pp.422-430.
乾健太郎・浅原正幸（2006）「自然言語処理の再挑戦－統計的言語処理を超えて－」『知能と情報』18(5), pp.669-681.
岩田具治（2015）『トピックモデル』講談社．
内海彰（2018a）「超スマート社会における自然言語処理とAI」『横幹連合コンファレンス予稿集第9回横幹連合』．
内海彰（2018b）「第4章 自然言語処理と人工知能」（栗原聡・長井隆行・小泉憲裕・内海彰・坂本真樹・久野美和子『人工知能と社会: 2025年の未来予想』オーム社）．
太田博三（2017）「文章自動生成に向けた非構造データの活用の一考察」『経営情報学会全国研究発表大会要旨集』．
大野治（2017）『俯瞰図から見える日本型"AI（人工知能）"ビジネスモデル』日刊工業新聞社．
岡崎直観（2016）「言語処理における分散表現学習のフロンティア」『人工知能』31(2), pp.189-201.
小木しのぶ（2015）「テキストマイニングの技術と動向」『計算機統計学』28(1), pp.31-40.
奥村学監修・佐藤一誠著（2015）『トピックモデルによる統計的潜在意味解析』コロナ社．
金山博（2017）「テキストマイニングとは何か?―第10回シンポジウムでの議論―」『情報・システムソサイエティ誌』22(1), pp.8-9.
金明哲（2009）『テキストデータの統計科学入門』岩波書店．
栗原聡・長井隆行・小泉憲裕・内海彰・坂本真樹・久野美和子（2018）『人工知能と社会: 2025年の未来予想』オーム社．
小林のぞみ・乾健太郎・松元裕治・立石健二・福島俊一（2003）「テキストマイニングによる評価表現の収集」『情報処理学会研究報告』23, pp.77-84.
小町守監修, 奥野陽, グラム・ニュービッグ, 萩原正人著（2016）『自然言語処理の基本と技術』翔泳社．
古明地正俊（2016）「ITエンジニアに変革迫る　最新『人工知能』の核心」『日経SYSTEM（9月号）』, pp.58-65.
小山照夫・竹内孔一（2014）「専門用語抽出における形態素辞書変更の効果」『情報処理学会研究報告』2014-NL-218(4), pp.1-4.
佐藤聡（2015）「企業における人工知能技術への取組み」『人工知能』30(3), pp.325-329.
佐藤雅哉（2016）「人工知能」『日経コンピュータ』2016年12月8日, p71.
椹木哲夫（1998）「人間-機械-環境系からみる熟練技能」『計測と制御』37(7), pp.471-476.
篠田孝祐（2016）「特集『人工知能研究のベンチマークとは―標準問題・データセット・評価手法―』にあたって」『人工知能』31(2), p223.
情報処理推進機構・AI白書編集委員会編（2017）『AI白書2017―人工知能がもたらす技術の革新と社会の変貌―』.
情報処理推進機構・AI白書編集委員会編（2019）『AI白書2019―企業を変えるAI　世界と日本の選択―』.
杉本慶・松元崇（2018）「要件の実現可能性を見極めるデータとモデル評価の視点」『日経SYSTEM』2018年11月, pp.60-65.
関口恭毅（2016）「データ・情報・知識の含意と相互関係の二重性について」『商学論纂』中央大学, 57(5・6).
関根聡（2016）「自然言語処理におけるベンチマークと研究―エラー分析ワークショップを通じて―」『人工知能』31(2), pp.269-274.
関根聡・乾健太郎（2016）「自然言語処理技術の現状と展望―エラー分析プロジェクトを通して―」『情報処理』57(1), pp.3-5.
総務省（2016）「平成28年版情報通信白書」．

総務省（2017）「3-5.人工知能と機械学習」『ICTスキル総合習得教材』.
総務省・情報通信審議会技術戦略委員会（2017）「次世代人口知能社会実装WG報告書（案）」.
総務省・情報通信審議会技術戦略委員会「次世代人工知能社会実装WG」配布資料.
　（http://www.soumu.go.jp/main_sosiki/joho_tsusin/policyreports/joho_tsusin/gijutsusenryaku/jisedai_ai/index.html）
竹内孔一・金山博・市瀬眞・榊剛史・渡辺靖彦・東中竜一郎・嶋田和孝（2016）「テキストマイニング・シンポジウムでの発表内容と言語処理技術」『言語処理学会』, 2016 Work Shop, Proceedings.
多田智史著・石井一夫監修（2016）『人工知能の教科書—プロダクト／サービス開発に必要な基礎知識』翔泳社.
田中穂積（2000）「言語理解—SHRDLUの先にあるもの—」『人工知能学会誌』15(5)，pp.821-828.
辻井潤一（2016）「研究の個人史—言語処理，言語理解，人工知能」『人工知能』31(4),pp.566-274.
辻井潤一（2018）「人工知能と言語処理の現状と展望」『Japio YEAR BOOK 2018』pp.74-81.
坪井祐太（2015）「自然言語処理におけるディープラーニングの発展」『オペレーションズ・リサーチ』2015年4月号，pp.205-211.
坪井祐太・海野裕也・鈴木潤（2017）『深層学習による自然言語処理』講談社.
鳥海不二夫（2018）「人工知能技術を俯瞰する」『立法と調査』405,pp.3-17.
内閣府・人工知能技術戦略会議（2018）「人工知能技術戦略実行計画（平成30年8月17日）」.
長尾真（1994）「AIマップ：自然言語へのアプローチ」『人工知能学会誌』9(4)，pp.54-536.
長野徹・武田浩一・那須川哲哉（2000）「テキストマイニングのための情報抽出」『情報処理学会研究報告』91, pp.31-38.
那須川哲哉（2006）『テキストマイニングを使う技術／作る技術—基礎技術と適用事例から導く本質と活用法』東京電機大学出版局.
那須川哲哉（2017）「テキストアナリティクスの動向と特許情報処理—人間の言葉を機械で読み解く—」『Japio YEAR BOOK 2017』, pp.34-41.
那須川哲哉・河野浩之・有村博紀（2001）「テキストマイニング基盤技術」『人工知能学会誌』16(2)，pp.201-211.
西垣通（2016）『ビッグデータと人工知能—可能性と罠を見極める—』中公新書.
NEDO技術戦略研究センター（2015）「人工知能分野の技術戦略策定に向けて」『TSC Foresight』8，pp.2-20.
平本毅（2005）「社会的分散認知システムとしてのCMC—電子空間はどこに存在するか」『立命館産業社会論集』41(3)，pp.133-154.
堀浩一（1991）「知識の姿 "人工知能研究者の立場から"」『現代思想』19(6), pp.142-149.
前川喜久雄（2009）「代表性を有する大規模日本語書き言葉コーパスの構築」『人工知能学会誌』24(5)，pp.616-622.
松井知子（2010）「【特集　統計的機械学習】について」『統計数理』58(2), p139.
松尾豊（2015）『人工知能は人間を超えるかディープラーニングの先にあるもの（角川EPUB選書）』KADOKAWA/中経出版.
松原仁（2015）「第3次人工知能ブームが拓く未来」.
　（https://www.jbgroup.jp/link/special/222-1.html）
森信介（2012）「自然言語処理における分野適応」『人工知能学会誌』27(4)，pp.365-372.

第2章

ピンポイントフォーカス型テキストマイニング手法
―健康管理用ウェアラブル機器ビジネスを事例として―

第1節 はじめに

　テキストマイニングから意義のある知識を得ることができるかどうかは，目的に応じてさまざまな手法を適切に適用することの成否に，かなりの程度においてかかっている。本章では，企業が経営資源を集中的に投入する分野を発見し，さらにその実現のために必要な技術的な課題を解決するための知識を獲得するために，テキストマイニングを利用するというケースを想定し，そこで求められる手法を提示する。

　企業の経営戦略や技術課題の解決に求められるのは，精度の高い知識を発見・創出するためのマイニング手法である。精度を高めるという意味は，全体を的確に鳥瞰し，カテゴリー間の類似性（あるいは距離）をトータルな観点から発見することによって概括的な知識を得ることにとどまるのではなく，ある特定のトピックをピンポイントでフォーカスして抽出し，それらを的確に結びつけることによって精緻で具体的な知識を得ることである。このようなテキストマイニングを，「鳥瞰図描画型テキストマイニング」に対して「ピンポイントフォーカス型テキストマイニング」と呼ぶ。本章では，このマイニングのためには，①構文の解析，②5文単位のテキストブロック（以下，「TB」という）の作成などが有効であることを論じる。

この手法を提起するために，本章では人工知能を利用するウェアラブル機器を利用した健康管理ビジネスの事例を取り上げる。現在のウェアラブル機器利用は，「大部分が身体活動の測定と記録に用いられている。将来的には病気の予防，診断，治療の中心になるであろう。それは健康状態を客観的に測定し，健康状態の悪化を示す変化を発見し，患者のデータを医師に転送する」（Kraft, 2019, p.28）といわれているように，その潜在的なビジネスチャンスは大きい。また，人工知能を取り上げる理由は，現在急速に技術が進歩しつつあり，またそれは汎用的性格が強いために画像処理や音声処理などの技術が自動車，ロボット，製造部門，家庭用電子機器をはじめとして多くの分野で利用・応用が予想されているので，焦眉の取り組みが必要されているにもかかわらず，技術が十分に確立されていないために不確実性が大きく，安易には事業化には踏み込めないという意味で，今日の企業が直面しているビジネス環境を象徴するような技術だからである。

　もちろん，本章の目的は人工知能や，それを用いた健康管理サービスについての有益な知識を得ることが目的ではなく，すべての事業分野に普遍的に共通するマイニング手法の獲得の提示である。人工知能はそのために取り上げる一事例に過ぎないので，人工知能ビジネスそのものに深く踏み込んだマイニングを行うものではないことを断っておく。

第2節　テキストマイニング手法

2-1　ピンポイントフォーカス型テキストマイニング手法

　まず，鳥瞰図描画型テキストマイニングとピンポイントフォーカス型テキストマイニングの違いについて述べる。鳥瞰図描画型とは，テキストデータに含まれる情報をトータルな観点から整理し，全体的な傾向を捉えることを目的とする。マイニング対象とする語も，全体の中でバランスを取りながら選ぶ必要がある。これに対して，ピンポイントフォーカス型のマイニングでは，全体や他の語との関連なしに，ある狭い領域のトピックを全体から切り離して深く捉

えることが重要になる。

　例えば，君山（2005, pp.62-66）はコレスポンデンス分析により企業のイメージを二次元座標上で分類し，「技術力・国際性」のグループにはソニー，トヨタ，NTTドコモなど，「遊び心・独創性」のグループにはホンダ，シャープ，「親しみ・人間味」のグループにはセブンイレブン，ローソン，郵便局などが含まれるなどの発見をした。このような研究は，すべての語の中における個々の語と語との相対的類似性（あるいは距離）の違いを発見し位置づけるという意味において，言い換えれば全体を大きな観点から捉えるという意味において，鳥瞰図描画型のマイニングといえる。

　しかし，テキストデータのマイニングに求められるのは，これにとどまらない。例えば，ソニーやNTTドコモが消費者から親しみや人間味を感じてもらったり，遊び心を満たす製品やサービスを提供するためにどうすればよいかという問いに対して，「スマートフォンに対話型ロボットの機能を持たせる。そのために自社の○○部が取り組み中の機械学習研究の成果（特願2015-○○○○○○○）を利用すべきである」「ヘルプデスクの対応に○○社の深層学習技術を導入して，より適切で簡潔な対応を行う」など，狭い領域に踏み込んだ具体的で深い知識であり，したがって必然的に語の出現頻度が低くなる知識である。このような知識を得るための手法が，ピンポイントフォーカス型である。

　マーケティング調査における流行現象の理解を目的とするような人文社会系のマイニングは，一般に全体を鳥瞰するテキストマイニングが求められる（喜田（2008），池尾・井上（2008））。例えば，ファッションにおける色合いへの嗜好，すなわち濃い色に対する薄い色への，暖色に対する寒色への相対的な嗜好のような大括りのカテゴリーで論じられる。

　これに対して，技術的困難の克服方法を発見したいエンジニアが，そのために必要な知識発見することを目指したマイニングのように，工学的な目的の場合はピンポイントフォーカス型が求められることが多い。その理由は，営業部門で求められる知識は日常語に近く，したがってその語の背景知識（関連する知識）はあらかじめ多く蓄積されている場合が多いので，マイニングから得られる知識は精緻で深く表現する必要がないのが一般的だからである。これに対

して，技術に関する知識は日常語ではなく専門用語が多くなり，また日々進歩するので背景知識も乏しいのが一般的である。したがって，分析者の背景知識が乏しくても，意味を理解できるだけの詳細さでマイニング結果が表現される必要がある。

このため，工学的知識をテキストマイニングによって得ることは，困難さが必然的に増すことになる。なぜなら，狭い領域にフォーカスした深い知識であるので，テキストデータの中に「解」が書かれた部分は少ないか，あるいはそもそも全く存在しない場合が多いからである。統計解析では，このような出現頻度の少ない語は軽視されるか，解析の対象に入らないことになり，見落とされてしまいがちである。にもかかわらず，ピンポイントフォーカス型のマイニングでは，この見落とされる部分や書かれていない知識が重要になる。したがって，膨大なテキストデータの中から肝心の箇所に的確にたどり着くことによって，あるいはそれが存在しない場合には関連するテキスト部分を人が比較・対照し推論することによって，知識を獲得することが必要になる。その意味では，検索エンジンと共通する仕組みが求められるが，検索エンジンにはとどまらないより高度な手法が求められる[1]。

2-2　利用するデータ

ピンポイントフォーカス型テキストマイニングの手法を提示するために，本章では日本経済新聞社のデータベースサービスである日経BPに収録されている雑誌記事，および特許庁電子図書館に公開されている特許公報を選んだ。この2つを選んだ理由は，日経BPの記事は事業の現状や将来動向についての最新の情報を含んでいるので，事業の現在進行形あるいは将来の動向を知るうえで有益だからである。特許公報を選んだ理由は，その事業を支える技術に関する知識を得るのに適しているからである。企業は事業の設定に関する意思決定をするために，まず事業の動向を調査し，次いでそのための技術を調査することが多いと思われるので，この2つのテキストデータをマイニングするための

---

[1]　このようにして得られた知識の典型的な事例が，IBM社のWatson Genomic Analyticsを用いて特定の白血病に対する治療法を発見した例である（日本経済新聞社（2015））。

素材として適していると考えられる。

　日経BPが収録している雑誌は、「日経ビジネス」「日経コンピュータ」「日経エレクトロニクス」など58誌であり、2000年〜17年の記事の中からタイトルまたは本文中に「人工知能」を含んでいる2,105件を抽出した。この抽出において、短い記事や記事とは見なせない読者からの投稿などを削除したが、この選別において筆者の主観が入り込んでいることも否めないことを断っておく。

　また、特許庁の電子図書館に収録されている特許公報の中から、特許名称または本文の中に「人工知能」を含んでいるものを選んだ。その結果、1984年から2017年までに公開された特許558件が抽出された。ただし、以下の分析においては、この特許の公開年ではなく出願年をみるので、以下に注意しなければならない。すなわち、一般に特許は出願から公開まで2年前後を要するために、以下で特許の「年」に言及する際に、2016〜2017年（特に2017年）の件数は過小評価されることになる点である。2016〜2017年に出願されながら、未だ公開されていない特許は本章のマイニング対象になっていないからである。

　また、特許公報のマイニング対象としたのは、「最良の実施形態」（または「実施例」）および「産業上の利用」の箇所に限定した。さらに、エクセルの処理能力に上限があるので、マイニング対象となる「最良の実施形態」「産業上の利用」の文字数が約35,000〜40,000文字を超えるものについては、超えた部分をマイニング対象から外さざるをえなかった。

第3節　ピンポイントフォーカス型手法の手順

3-1　ピンポイントフォーカス型テキストマイニングに求められる知識

　ピンポイントフォーカス型テキストマイニングでは、精度が高く詳細な知識が求められると述べた。このことの意味は、技術的アイデアを発見するという事例を用いることによって分かりやすくなる。したがって、ここでは手術ロボットの開発を目指している企業が、触覚情報を十分に処理できず、また軽量

化・小型化が難しいことなどが普及の障害になっており，この限界の克服を可能とする知識を模索している，という仮想的な事例を取り上げる。

手術ロボットの技術開発のために必要な知識を，マイニングから得ることは容易ではない。なぜならば，膨大な量のテキストの中から，この知識を含んでいる部分をピンポイントで的確に発見することは難しいからである。また，自然言語には特有の冗長さがあり，また多義的であり，さらにまたマイニング担当者の目的とは異なる文脈（異なる利用用途，異なる技術分野など）の中で表現されているので，それをマイニング目的に合った知識に翻訳し，本質を正しく表現することは容易ではないからである。さらに，貴重な意味を含んでいる技術知識は最新のものになりがちであるので，世界中でその知識を有している研究者は必然的に少なくなるために，それを叙述しているテキストも少なくなるか，あるいは全く書かれていない場合が多いからである。

この困難を克服するために，どのようなマイニング手法が求められるのかを考えよう。

まず，ある業界レポート記事の中に，以下のような手術ロボットに関連する文をたまたま発見したと仮定する。

① 「……手術ロボットの普及を妨げている理由の1つは，機器が大きすぎることである。これを小型化・軽量化することは製品としての付加価値を高め，顧客の開拓につながると期待できる。……」

この叙述から，手術ロボットの小型化を目指した事業を目指すことに，ビジネスとしてのチャンスがあることが確信される。しかし，そのためには自社に不足している技術を探索し，それを充足するための知識を獲得しなければならない。したがって，「小型化」を特長語として設定したマイニングを行う。そして，特許公報，技術論文などの多様なテキストのマイニングに基づいて，例えば以下のような文にたどり着かなければならない。

② 「……手術ロボットの問題の1つは，触覚情報が得られにくいことである。したがって，触覚情報の不足を補うための工夫が求められる。その1つのアプローチは画像を鮮明にすることである。そうすることによって臓器の形や表面の凹凸の画像から，その硬度が分かり，剥離に必要な力を知るこ

とができる。高精細画像には8KカメラとそのためのCMOSセンサーが役立つ。ただし，医療利用のためには長時間利用可能であることが必要であり，さらに小型化・軽量化が必要である。……」

③「……手術ロボットは精密な動作を求められるため，その駆動系は従来から電動モーターが主流である。しかし，柔らかい動作を可能とする空気圧駆動システムが生まれたことにより，その手術ロボットへの応用が始まりつつある。この結果，小型化・軽量化が進むと期待される。……」

④「……手術ロボットの難点は，術者が操作する鉗子の動きにカメラによる画像が追いつけないことがあり，そのために臓器を傷つけることが起こり得るという点にある。伝送速度の向上や，カメラが取り付けられる先端部の動きの自由度を高めることにより，視野を拡大することがこの問題を解決し，さらにカメラ数を減らしてロボットの小型化を可能にするであろう。……」

⑤「……少ないカメラ数で，以前と同じ視野を確保可能な技術が開発された。……」

⑥「……体内のカメラからの画像伝送速度を，512Mbpsにすることに成功した。……」

このようにまず①を読み，それを起点にして②③④⑤⑥にピンポイントでたどり着けば，それぞれのテキストから以下のように本質部分が抽出され，シンプルに表現された知識を得ることができるであろう。

「機械学習により患部の硬さを推定する」
「臓器表面の凹凸の陰影から硬さを推測する」
「空気圧駆動システムは機器の小型化を可能にする」
「アームの先端のカメラ数を減らすことによって，装置の小型化が可能になる」

　人が読めば，このように，テキストの冗長な表現は，本質部分が抽出された基本句・基本文に変換することができる。

　そして，これらの複数の句・文を結びつけることによって，手術ロボットが直面している障害の1つである画像処理とその伝送速度に関して，「人工知能

を用いた画像処理技術を使えば，硬さの不明な臓器の硬度を正しく予測でき，またデータを512Mbpsで術者に伝送する軽量なロボットの開発技術は確立されているらしい。空気圧駆動システムとカメラ数の減少が，機器の小型化・軽量化を可能にする」という知識を得ることができるはずである。手術ロボットの利用を妨げる技術的制約の1つは，臓器など手術部位を固定するのに十分なほどの強度を有し，他方で損傷しない程度に弱くつかむために必要な触覚情報を持たせることができないことである。画像を鮮明にすることによって触覚情報の代替的な情報を得ることができることが分かり，さらにロボットを手術に利用するためには長時間動作できること，侵襲部位を最小限にするための小型化・軽量化が必要であることが確認される。

以上の仮想事例から，ピンポイントフォーカス型テキストマイニングに求められる知識を，以下のように表現することができる。

① 無数にある世界中のテキストの中から，マイニング目的に適った知識を含んでいる箇所を適切に抽出できていること。例えば，「空気圧駆動システム」のように，手術ロボットとしては重視されないので出現頻度が少ない単語であっても，実は重要な知識を含んでいる語を抽出できていること。

② 無数に抽出してしまいがちな単なる共起関係ではなく，多様な表現の本質的な意味が基本句・文として表現されること。

③ それぞれの基本句・文が結びつけられることによって（例えば，同一の特許公報の遠く離れている複数の叙述が結びつけられたり，別の技術・研究論文の叙述と結びつけられたりすることによって），全体としての意味が表現されていること。

④ ピンポイントフォーカス型テキストマイニングが求める深く精緻な知識は，世界中のどのテキストにも書かれていない場合が多く，この場合にはマイニング担当者が間接的に関係する複数のテキストを比較・対照することによって自ら推論し，つくり出す以外にない。したがって，そのためのヒントとなる叙述を含む箇所を抽出できていること。

⑤ 技術的知識は，伝送速度が512Mbpsのように，機能や属性を表現する数値と結びつくことが必要である場合が多いので，この数字も基本句・文に

関連づけられること。

　この事例で理解されることは，技術に関する知識を獲得するためには，テキストのさまざまな箇所に散らばった叙述を統合する必要があるということである。しかもその統合は，単なる共起関係を介してではなく，可能な限り正確に係り受け関係が反映されていなければならないということである。表現が日常語に近く，またあらかじめ背景知識がすでに多く蓄積されている消費ニーズとしての「カメラの軽量化」「冷蔵庫の容量拡大」などの意味は，常識的な背景知識だけでその意味を理解できるであろう。これに対して，技術知識は難解な専門用語で叙述されているために，その分野の専門家以外は背景知識が少ない。とりわけ最新情報であればあるほど，背景知識は少なくなる。例えば，空気圧駆動システムがどのように利用されるのか，それを可能にした要素技術などの背景知識はほとんど存在しない場合が多い。

　以上から，鳥瞰図描画型の手法で得られる知識の一事例としての消費ニーズに関する知識と，ピンポイントフォーカス型の手法で得られる技術知識との性質の相違は，以下のように整理できる。

Ⅰ　消費ニーズ・営業に関する知識
　(1)　個々の単語で意味を表現できる度合いが大きい
　(2)　短い文章で意味を表現できる度合いが大きい
　(3)　背景知識が豊富
Ⅱ　技術に関する知識
　(1)　複数の単語を結びつけることによって意味を表現することが必要
　(2)　テキストの離れた場所のテキストを結びつけ，比較的長い文章で意味を表現する必要
　(3)　背景知識が不足

3-2　マイニングの手順(1)　TBの作成

　しかし，以上のようなピンポイントフォーカス型の手法によって知識を得ることは容易ではない。特に，コンピュータによる解析のみに依存して，構文を持つ基本句を作成し，遠く離れた複数のテキストを結びつけることは，現状の自然言語処理技術の水準では不可能であり，そのためにはマイニング担当者が

深く関与しなければならない。すなわち,コンピュータと人間との協働の仕組みを考えることが必要である。そのために本章では,①5文程度のTBを作成すること,②それをベースとして基本句・基本文を作成すること,③複数のTBを関連づけること,によって人間とコンピュータが協働作業を行い,知識を豊かで精緻にすることができることを論じる。

そのためにまず,図2-1のようにテキストを5文ずつの単位に分割する。これはシャノンに始まるN-gramモデルを,「単語」でなく「文」に適用したものである。

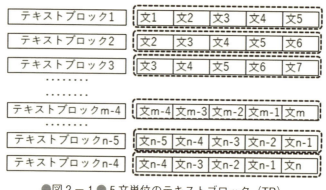

●図2-1● 5文単位のテキストブロック (TB)

TBを作成する理由と意義は,以下のとおりである。

第1に,業界レポートや技術論文は数ページ,特許公報などは数十ページにも及ぶ場合もあり,その中で本来の目的に関係する叙述はごく一部である。TBを作成することによって,この膨大な量のテキストデータの大部分を占める不要な箇所を除去し,必要な部分を発見・抽出することが可能になる。

第2に,長い文章に含まれる「意味の塊」は,5～10文程度である場合が多い(特に,技術系のテキスト)と考えられるからである。美馬(2006)は,部分的な統語関係でなく,広い文脈での統語関係の発見がテキストの意味の曖昧さを減少させると述べている。この「塊」にたどり着くために全テキスト単位で抽出すれば,その中のどこにこの「塊」があるのかが分かりにくくなり,逆に句点で分割された1つの文ごとにマイニングすれば,「塊」が分解され前後

の関連が失われるので意味を理解できなくなってしまう。

　第3に，意味や文脈は，テキストの離れた場所に散らばって叙述されている複数の文を結びつけなければ理解できないが，TB間の類似性などを基準としてTBを必要に応じて結びつけることによって，その理解が可能になる。

　第4に，冗長な自然言語を読んで，それから意味の中心となる特長語を発見し，特長語を含む基本句にする際に直感的につくりやすいのは5文程度であり，係り受け関係の発見にとって望ましい。

　第5に，5文程度で語と語の共起関係を抽出することが，意味のない共起関係を抽出しないことと意味のある共起関係を取りこぼさずに抽出することとの2つの両立にとって，最も適切なマイニング単位である。

3-3　マイニングの手順(2)　基本句の作成と進化

　次に，このTBをベースとして，意味の本質部分を抽出するための基本句を作成する。この作成の重要性は，テキストマイニングの原点にまで遡って考えてみれば明らかになる。

　テキストマイニングの目的は，冗長で曖昧で構造化されていないために意味が捉えにくいテキストから不要な情報を削除し，探している知識を得ることにある。そのために，形態素に分解し，それを単出現頻度，共起出現頻度，係り受け関係などを基準として再構成し，知識を獲得する。こうすることによって，意味のないノイズを削除することができる反面で，語が脱文脈化してしまい，もともと含まれていた意味が分からなくなるという問題にもつながる。例えば，網谷・堀（2005）は，情報が知識となるためには，それが「生成される文脈」が必要であり，「情報は文脈がともなわなければ利用が困難」であると述べる。

　したがって，過度の脱文脈化を避けつつ，形態素の抽出と不要な語の削除，および文脈の獲得のための形態素の再構成を行う必要がある。

　例えば，形態素解析によって，上述の文③の重要な語である「空気圧駆動システム」は，「空気」「圧」「駆動」「システム」という形態素に分解される。こうすることによって普遍性・一般性が獲得され，また不要な語の削除が可能になる。

しかし，文③に含まれている「空気圧駆動システム」という意味は，「空気」「圧」「駆動」「システム」に分解されると，文脈・意味が理解できなくなるので，「空気圧駆動システム」という複合語として再構成されなければならない。

さらに，同一の文に出現しているという共起関係を推測の基準として，「空気圧駆動システム」は「手術ロボット」「小型化」に役立つという知識を獲得できる。ただし，「空気圧駆動システム」は「求める」「主流」などとも共起しているので，これも含めると共起関係が膨大になりすぎて，肝心の知識がその中に埋没してしまう。

この限界を克服するためには，係り受け分析あるいは構文解析が不可欠である。「空気圧駆動システム」の係り受け関係を解析すると，「空気圧駆動システムが生まれる」となる。しかし，文③の真意は，「空気圧駆動システムは軽量化・小型化を可能にする」である。現在の自然言語処理のアルゴリズムによっては，このような構文を抽出することは不可能である。

したがって，人間の類推により句を作成せざるをえない。この類推のためには文意や文脈が損なわれることがなく，また基本的な句や文を類推するのに適した大きさの文のブロックは，上述のように5文程度であると仮定して，5文のブロックをベースとして基本句を作成する。

しかし，このような句を抽出しても，マイニングの当初の目的を達成する解は得られない場合が多い。例えば，マイニング担当者が所属する企業の経営資源の観点からは，小型化・軽量化に最も適した方法は空気圧駆動システムではないかもしれない。したがって，「空気圧駆動システムは軽量化・小型化を可能にする」の代わりに，「＜　＞は軽量化・小型化を可能にする」という句の＜　＞内を探索することが必要になる。この＜　＞内を埋める語を，他のテキストから探索することが必要になる。

この＜　＞内を探索するために，語の類似性やTBの類似性などを利用することができる。ただし，技術的課題の克服方法の解そのものが書かれているケースは稀であり，書かれていたとしてもごく少数のテキストに限定されるのが一般的である。したがって，解のヒントとなるような叙述がみられる箇所を，可

能な限り的確かつ多く抽出し、それらをこの文と比較・対照しつつ意味を探索し、新しい意味を創造することが必要である。

3-4 マイニングの手順(3) TBの結びつけ

上述のように、技術に関する知識は専門用語で表現されているので、また背景となる関連知識も蓄積されていないので、マイニング結果は、テキストの他の部分から得られる知識と結びつけることによって詳細に表現される必要がある。そのために必要に応じて複数のTBを結びつけ、また基本句をつないでいくことが必要となる。その一例として、前節の文①〜⑥を結びつけることによって、手術ロボットの軽量化・小型化のための知識を獲得したケースをみたのであるが、図2-2はこの統合を一般化して例示したものである。

このようなTBの類似性の発見は、現在の統計解析手法だけでは容易ではないが、クラスター分析や近年注目される深層学習の手法などを用いるアプローチが、その1つの手法である。

本章の第3節以下では、以上の手法を用いてピンポイントフォーカス型テキストマイニングにアプローチする。

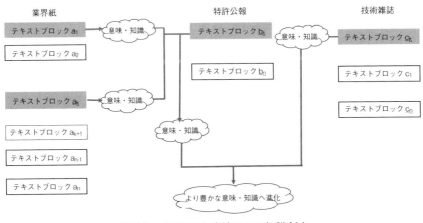

●図2-2● TBの連結による知識創出

3-5 TBを5文単位とすることの妥当性の検証

　5文単位でみることが共起関係を抽出するのに適切であると論じてきたが，次節以後でこのマイニング手法を詳しく論じる前に，ピンポイントフォーカス型テキストマイニングにとって5文前後を単位とするTBを作成することが望ましいことの根拠を，日経BPに収録された雑誌記事の中から「国際化」に関する記事1,408件，およびEBSCO社が提供するデータベース「Business Source Premier」に含まれる業界レポート（2000～2015年）の中から，「base of the pyramid」「base of pyramid」「bottom of the pyramid」「bottom of pyramid」のいずれかの語を含んでいる業界レポート567件を取り上げて，例示しておこう。

　マイニング対象テキストデータが論文や記事の場合，語と語の共起関係をみるときの単位として「タイトル」「全文」「段落（パラグラフ）」「5文」「文」があり得る。それぞれの特徴を，日経BP記事については「消費者ニーズ」との共起関係，EBSCOの業界レポートについては「computer」「healthcare」との共起関係を事例としてみてみた。

　まず，「消費者ニーズ」という語が共起する語（一般名詞と複合名詞に限定）の種類は，「タイトル」「全文」「段落」「5文」「文」の各単位で，それぞれ6件，11,970件，641件，1,997件，305件であった。また，「computer」という語が共起する語（一般名詞と複合名詞に限定）の種類は，それぞれ0件，11,403件，1,989件，2,743件，769件であった。マイニング単位が大きい全文単位では，実際にはつながりのない語と語の関係も抽出されていることが分かり，逆に「文単位」では実際にはつながりのある語と語のつながりを取りこぼしている可能性が大きいことが分かる。

　したがってTBのサイズが大きくなるにつれて，どのように新たに抽出される共起語が増えていくかを知るために，文単位（1文単位）と5文単位だけでなく，2文単位，3文単位，4文単位の場合に共起する語の種類数も含めて比較したのが表2-1である。これによると，「消費者ニーズ」と共起する語（一般名詞に限定）の種類数は，文単位でみると304件であるが，隣の文も含める

と528種類が新たに増え，2つ隣の文まで含めるとさらに471種類，3つ隣の文まで含めると346種類，4つ隣の文まで含めると348種類が新たに共起語として抽出される。また，「computer」と共起する語（一般名詞に限定）の種類数は，文単位で見ると530件であるが，隣の文も含めると新たに418種類増え，2つ隣の文まで含めるとさらに294種類，3つ隣の文まで含めると223種類，4つ隣の文まで含めると173種類が新たに共起語として抽出される。「healthcare」については，それぞれ584種類，422種類，188種類，162種類，165種類が新たに増えた。

　もちろん，語の共起関係において重要なのは単なる件数の相違ではなく，抽出される共起関係が意味を持つことであることはいうまでもない。筆者は別稿で「日経ビジネス」誌の国際化関連記事をマイニングし，「消費者ニーズ」と共起するすべての語に占める意味のある共起関係の比率をみた。そのために，宮澤・亀井（2003）の索引に出現する語は，「消費者ニーズ」と意味ある関係を有すると見なした。これによると，新たに共起する語のうち，「消費者ニーズ」と意味のある共起語の比率は，当該文8.2%，隣の文4.5%，2つ隣の文3.4%，3つ隣の文3.2%，4つ隣の文3.4%あった。文の距離が離れるにつれて，意味のある共起関係は少なくなっている。言い換えれば，マイニングの単位を拡大することによって，意味のある共起関係を抽出する可能性は高まるとともに，無

●表2－1 ●語の共起数の変化（文の距離別）

	日経BP記事				EBSCO業界レポート	
	消費者ニーズ			世界標準	computer	healthcare
	(1)新たに共起する単語の種類数	(2)意味ある共起数	(2)/(1)	新たに共起する単語の種類数	新たに共起する単語の種類数	
1文単位	304	25	8.2%	595	530	584
2文単位	528	24	4.5%	620	418	422
3文単位	471	16	3.4%	622	294	188
4文単位	346	11	3.2%	518	223	162
5文単位	348	12	3.4%	394	173	165

（注）「新たに共起する単語の種類数」とはマイニング単位を1文増やしたときに新たに共起する語の種類数。「意味ある共起数」とは，「消費者ニーズ」という語を含む文からの距離別に新しく共起した語のうち，「消費者ニーズ」と意味的つながりがある語の数。「意味的つながりがある語」とは，宮澤・亀井（2003）の索引に現れる語と定義した。

意味な共起関係も抽出している可能性も高まる。自然言語の本性から予想されるとおりの結果であった（菰田，2017）。

　以上から，筆者はTBを5文前後とすることが，メリットを大きくしデメリットを小さくするのに最も適していると考える。

第4節　語の出現頻度分析

4-1　単出現頻度の時系列による鳥瞰図の獲得

　本節以下で，前節までに述べたテキストデータとマイニング手法に従って，人工知能を生かした事業を目指すために行うべきピンポイントフォーカス型テキストマイニングの手順の一事例を論じる。そのためにここでは，多角的に事業を展開している仮想企業A社の研究開発部の中で，人工知能技術の開発に取り組んでいる仮想Xプロジェクトチームを想定し，同チームが自社の選択と集中によって新しい有望な収益源となる事業を知りたいと考えているという，仮想的ケースを想定してマイニング手法を論じる。特に，同社は筋電流やその他の生体情報の処理技術をベースとして，ウェアラブル機器を利用する医療・介護・健康管理サービスに関する事業のノウハウを有しており，これを人工知能と結びつけ，有望な事業を発見したいと考えていると仮定しよう。周知のように，現状ではウェアラブル機器は身体データの計測による健康管理に利用されるにとどまっているが，将来的には病気の予防・診断・治療など，本格的に医療に欠かせないデバイスとなると予想され，したがって医療機器メーカーにとって極めて重要なビジネスとなる潜在的可能性があるからである。

　人工知能の事業化に本格的に乗り出すという経営判断を下すことは，当然その失敗のリスクをともなう。このリスクを可能な限り小さくするためには，精度の高い知識が求められる。そのためには，人工知能の可能性や世界の研究動向・事業動向について知る必要がある。

　したがって，まず人工知能に関する記事や特許がどれだけ増えているかという時系列データの作成が，取りかかりの作業となるであろう。ここでは，人工

知能に言及している日経BP記事件数と特許件数をみた。上述のように，特許については，2017年までに公開された特許の出願年をみているために，出願から公開までのタイムラグがあり，2016～2017年の件数が過小に評価されていることに注意しなければなない。

　それによると，日経BPでは2000年以前には人工知能に関する記事は全く出現しなかったが，21世紀に入って突然出現するようになる。ただ，2000年代末から2010年代初頭に一時減少するのであるが，2013年頃から著しい増加傾向を示すようになる。また，人工知能関連の特許は1990年以前はほとんど皆無であるが，1991年から現れ始め，2000年代に入ってさらに増える。その後，日経BPと同様に，2000年代末から2012年頃まで一時減少するが，2013年から再び増加するようになる。

　この変化は，世界の人工知能研究の動向を反映していると考えられる。すなわち，一般にこれまでの人工知能は3つのブームを経験してきたといわれている。第1のブームは，1950年代後半から1960年代の「探索」「推論」技術の確立により機械翻訳の可能性を目指したが，その困難さが理解されて下火となる。第2のブームは，1980年代に注目された「知識ベース」技術の進歩により生まれたが，人間の知識をコンピュータに理解させることの難しさが知られて下火となる。

　第3のブームは，2000年頃からの「機械学習」の出現により，コンピュータ自らが知識を生み出す可能性が生まれたことに始まる。特に，2010年代には深層学習技術がその可能性を高めることによって，さらにブームが拡大している（総務省，2016，pp.235-236）。2000年以前には日経BP記事も特許も，ともにほとんど出現しないことは，第1，2のブームが下火となっていたこと，そして2000年頃から増加し始めたことは，第3のブームの始まりと符合する。また，2010年前後に一時減少しながら，2013年頃から増加していることは，深層学習技術の意義が知られるようになり，本格的に人工知能が社会に影響を与え始めている現実と符合する。

　企業の経営戦略の意思決定を左右する最も大きい要素の1つは，現在の人工知能ブームがこれまでのように再び下火になるのか，あるいは本格的な人工知

能時代の幕開けになるのかの判断である。このブームが一時的ではなさそうであると受け止められていることは、日経BPの記事の著増に示されている。また、第3のブームに技術的裏づけがあるらしいことが、特許件数も増加し始めていることからも推測できる。この2つの時系列データは、人工知能を無視して今後のウェアラブル端末ビジネスの事業戦略を構想することはできないことを示している。したがって、A社Xチームとしては、早急な取り組みを開始すべきという考えに至る可能性が大きいであろう。

●表2−2● 人工知能の日経BP雑誌記事および特許件数の推移

年	1990以前	91	92	93	94	95	96	97	98	99	2000	01	02	03	04	05	06	07	08	09	10	11	12	13	14	15	16	17
日経BP	1	0	0	0	0	0	0	0	0	0	26	48	28	26	29	39	21	12	15	16	10	18	21	67	99	303	772	555
特許	1	9	17	20	11	4	6	7	8	12	19	22	29	22	29	31	37	26	22	17	9	14	10	23	25	45	55	28

4-2 単語セット作成のため人工知能全体の鳥瞰

以上のように、人工知能が無視し得ないほどに重要になりつつあることが理解できれば、次に必要になるのは自社の人工知能事業をどの産業・事業分野に集中するべきか、医療・介護・健康管理サービス分野で有望な分野となり得るのかを解明し、さらにそのために必要な技術を発見することである。これを知るために、まず不可欠な語を抽出（単語セットを作成）し、分野別の件数をみることが手がかりになる[2]。

日経BPと特許件数の分野別の単語の出現頻度をみると、**表2−3、2−4**のとおりである。もちろん、語の抽出においては、すべての事業分野を抽出することはできないので、重要と思われる分野を、①件数の多い語、②件数は少なくても利用分野を知るうえで重要な手がかりとなる語である、という2つを基準として選んだ。当然、この抽出にマイニング担当者の主観が影響することは、あらためて断るまでもない。

これによると、両者ともにロボット関連の件数が突出して多く、ロボット事

---

[2] 単語セットについては、豊田・菰田（2011）、菰田・那須川（2014）など。

業が人工知能の最大の利用分野として捉えられていることが分かる。また，自動車の「自動運転」もそれに次いで多い。さらに，社会インフラの「エネルギー」「電力」，製造の「工場」，電機・ITの「家電」「情報通信システム」，それ以外には「教育」などが多い。また，医療関連の語も件数が多いが，それ以

●表2－3●人工知能関連事業・要素技術の出現頻度

ロボット		電機，IT		顧客満足	3
ロボット	696	家電	189	商品開発	80
産業用ロボット	90	情報通信システム	23	教育	
人型ロボット	65	通信衛星	1	教育	164
介護ロボット	11	クラウド	324	教育業界	3
サービスロボット	25	医療		金融	
コミュニケーションロボット	17	医療	213	FinTech	6
会話ロボット	8	診断	81	証券	58
接客ロボット	5	介護	83	株価	80
自立型ロボット	1	健康	87	投資信託	24
自動車		生体	19	要素技術	
自動運転	376	患者情報	7	検索エンジン	59
運転支援	59	臨床	13	機械学習	394
輸送，物流		再生医療	11	画像処理	71
輸送	19	医療機器	55	画像認識	221
交通	76	電子カルテ	18	顔画像	34
鉄道	48	健康管理	13	動画像	8
物流	81	医療画像	8	顔認識	34
電子商取引	72	臨床情報	2	物体認識	72
倉庫管理	5	サービス		音声認識	211
社会インフラ		情報サービス	25	音声データ	21
社会インフラ	40	ビッグデータ	467	音声合成	21
エネルギー	134	秘書	18	生体認証	10
電力	127	業務効率	41	感情認識	15
省電力	27	営業，市場		自然言語処理	86
製造		顧客	566	機械翻訳	38
製造業	205	マーケティング	246	拡張現実	45
工場	303	ニーズ	284	位置情報	80
工場自動化	3	顧客ニーズ	19		
生産ライン	71	消費者ニーズ	8		

（注）日経BPの雑誌記事件数

●表2-4● 人工知能関連事業・要素技術の出現頻度

	1991-2000	2001-2010	2011-2017	合計		1991-2000	2001-2010	2011-2017	合計
ロボット					臨床情報	1	1	3	5
ロボット	8	26	51	85	介護	0	2	5	7
産業用ロボット	0	4	1	5	診断	15	23	30	68
会話ロボット	0	0	3	3	電子カルテ	0	0	9	9
人型ロボット	0	1	1	2	サービス				
自動車					ビッグデータ	0	0	9	9
自動運転	1	3	3	7	秘書	0	0	2	2
運転支援	4	0	1	5	営業, 市場				
輸送, 物流					顧客	12	28	25	65
輸送	3	12	6	21	マーケティング	1	5	3	9
交通	5	8	9	22	広告	4	19	14	37
鉄道	3	2	2	7	ニーズ	5	9	24	38
物流	1	2	0	3	顧客ニーズ	0	1	0	1
電子商取引	1	4	2	7	教育				
倉庫管理	0	0	1	1	教育	3	15	15	33
社会インフラ					金融				
社会インフラ	0	1	2	3	証券	1	3	0	4
電力	8	30	30	68	株価	0	1	3	4
エネルギー	8	26	36	70	投資信託	0	0	7	7
省電力	0	2	2	4	要素技術				
製造					検索エンジン	3	9	9	21
製造業	0	2	0	2	画像処理	7	13	15	35
工場	10	8	7	25	画像認識	1	11	16	28
生産ライン	2	0	1	3	音声認識	4	17	26	47
電機, IT					機械学習	0	20	46	66
家電	1	11	7	19	音声データ	3	8	17	28
情報通信システム	6	26	19	51	顔認識	0	4	18	22
通信衛星	1	14	3	18	機械翻訳	1	4	11	16
クラウド	0	0	40	40	動画像	1	8	5	14
医療					音声合成	5	3	7	15
医療	5	20	25	50	自然言語処理	1	4	16	21
生体	1	19	17	37	位置情報	6	11	26	43
健康	4	14	19	37	物体認識	0	1	2	3
臨床	1	14	12	27	生体認証	0	1	16	17
健康管理	2	3	6	11	拡張現実	0	0	3	3
患者情報	1	2	5	8	顔画像	0	0	5	5
医療機器	0	2	7	9					

(注) 特許件数

上に語の多様性が大きいことに特徴がある.

　ただ，興味深い事実は，日経BP記事に比して，特許では「エネルギー」「電力」「医療」の記事件数が「ロボット」のそれに接近していることである．また，日経BPでは「自動運転」の件数は多いが，特許公報では少なく，とりわけ最新の2011〜2017年でも3件でしかない．自動運転技術の急速な開発が進んでいることは疑いないが，日経BPで扱われるほどには，他分野に比して突出しているわけではないという理解が正しいようである．

　以上から，人工知能はロボット分野と電力・エネルギーなどの社会インフラ部門を中心として，それ以外にも広範な分野で利用されると捉えられているという暫定的仮説が得られである．

　しかし，この仮説を受け入れるためには注意が必要である．なぜなら，以上のように全文単位で理解すれば，語が全文の中に1回出現する場合と数回出現する場合とを同じウェイトでみていることになるし，また全体文脈と深く関係している語と間接的に言及されたにすぎない語とを同じウェイトで扱っているという問題があるからである．したがって，全体文脈を表現しているであろう「記事タイトル」でみると，表2-5のように圧倒的にロボット分野が多くなる．これに対して，特許ではロボットに迫る件数であった社会インフラ部門の記事タイトルでみると極めて少なくなり，「工場」「製造業」「家電」にも及ばない．したがって，ロボットが最大の利用分野であることは間違いないようであるが，電力・エネルギー分野は必ずしもロボットほどではなく，他の多くの分野と大きな差はないと考えるべきかもしれない．このように，タイトル単位でマイニングすることによって，1つの記事の中に本質的な事業分野と副次的な事業分野とが混在して出現しているという問題を回避して，本質的な位置づけを与えられている語を抽出し，分野間の重要性を理解することができる．マイニング精度を高めるためには，目的に応じてデータやマイニング単位を使い分けることが必要である．

　以上から，人工知能はロボットを中心にさまざまな分野で新たな可能性を生み出しつつあるらしいことが分かったが，さらに注目すべきは「機械学習」「画像認識」「音声認識」のような人工知能の要素技術が特許において増えてい

●表2-5● 人工知能技術，要素技術の出現頻度

ロボット	113	生体	2
人型ロボット	4	電子カルテ	1
産業用ロボット	1	ビッグデータ	32
会話ロボット	2	マーケティング	9
自動運転	46	顧客	12
社会インフラ	1	ニーズ	4
鉄道	2	広告	3
交通	2	教育	6
電力	9	FinTech	5
エネルギー	3	証券	3
工場	22	株価	4
製造業	12	機械学習	30
生産ライン	1	音声認識	11
物流	1	画像認識	7
クラウド	47	自然言語処理	2
家電	21	位置システム	1
医療	9	拡張現実	1
健康	4	拡張処理	1
診断	4	機械翻訳	1

(注) 語別の日経の記事タイトルに含まれる記事数

るという事実である。このことは人工知能が表面的にではなく，技術的裏づけをもって論じられるようになっていることを示唆するものといえ，決して過去のように一過性のブームではないことを示すものと理解できよう。

以上の結果を踏まえて，表2-3，2-4の中から，さらなるマイニングの手がかりとなる語を単語セットの中に取り込む。

第5節 共起出現頻度による人工知能の応用分野と特長語の発見

上述のように，語の単出現頻度をみることによって，分野別の将来動向を知るための情報が得られたが，さらに語と語の共起関係に基づいて各種の人工知能ビジネス間のつながりやビジネスと要素技術とのつながりを知ることによっ

て，より詳しく全体の鳥瞰図を描き，ビジネスの将来動向をみていくができ，注目すべき特長語の発見を行うことができる。そのために多次元尺度法を適用してみる。

上述のように，語と語との共起関係を知るためには，①句点で区切られた文単位，②隣接する5つの文を1つのブロックとする5文単位，③記事全体を1つのブロックとする全文単位がある。文単位で共起関係を抽出すれば，本来は意味のある語と語との関係が見失われる反面で，同一の文に出現するほどに深いつながりのある語と語との関係を発見しやすくなる。全文単位でみれば，膨大な意味のない共起関係（ノイズ）を抽出してしまうというデメリットの反面で，重要な共起関係を取りこぼしなく抽出できるという利点がある。筆者は両者の中間の5文単位でみるのが最も望ましいと考えているが（菰田，2017，菰田・中山，2017），しかしそれぞれに利点があるので，その利点を組み合わせて捉えるのが望ましい。

図2-3で示されるように，3つのケースはいずれも，「機械学習」「ビッグデータ」「自動運転」「ロボット」「医療」「エネルギー」という語が1つのグループを形成して中心に布置している。また，その近傍に「画像処理」「画像認識」「音声認識」などの人工知能の要素技術が布置している。人工知能の研究と応用が自動運転，ロボット，工場，エネルギー，医療などを中心として，多くの分野で進んでいることを示している。

本章では，仮想A社Xチームは医療・介護・健康管理関連のサービスを目指していると想定しているので，この語についてみると，全文単位でみた場合には，「医療」「医療機器」「健康」「介護」「介護ロボット」「臨床」などの語が1つのグループを形成していると見なすこともできそうである。しかし，さらに厳密な共起関係を反映する5文単位，文単位になると，明確なグループの形成がみられなくなり，互いのつながりが弱くなっていること，とりわけ画像処理・画像認識など，急速に進みつつある要素技術との関係が十分ではないらしいことは，医療・介護・健康分野のサービスへの人工知能利用の取り組みが体系的，有機的，戦略的は進められていないことを示しているのかもしれないという仮説を提起するであろう。今後，それを取り入れる取り組みを行うことが

必要であることが分かる。

ただ興味深いのは，強い類似性を示していることを示唆する1つの文中に同

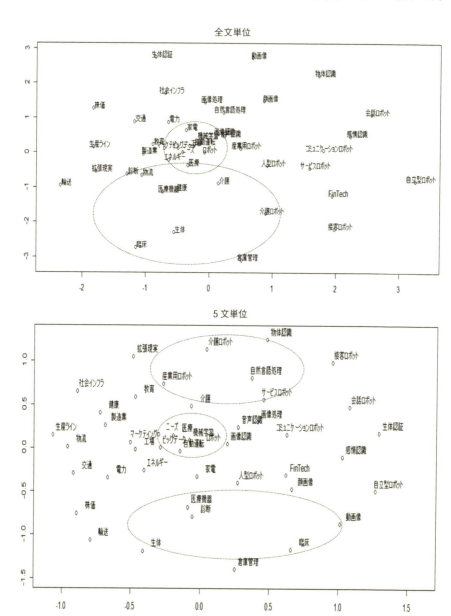

第2章　ピンポイントフォーカス型テキストマイニング手法　　61

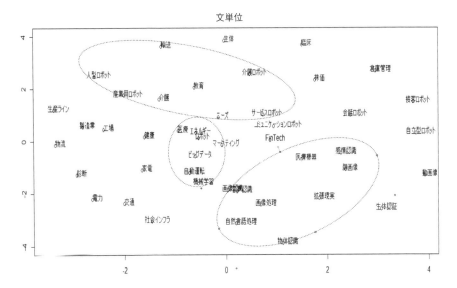

●図2－3●人工知能事業・要素技術間の関連（多次元尺度法）

時に出現している共起関係をみると，「医療機器」が「感情認識」「顔認識」「拡張現実」という人工知能の要素技術の近くに布置していることである。医療機器の研究については，人工知能の要素技術の成果を積極的に摂取し，技術的裏づけをもって進められようとしている現実を示しているという仮説を提起しているかもしれない。

　さらに，「介護」「介護ロボット」が他の医療関連の語と切り離されて，「サービスロボット」「産業用ロボット」「会話ロボット」などのロボット関連とのつながりがみられるようになる。介護分野では，ロボット開発として進められていることは間違いないようである。

　以上から，語の単出現頻度および共起出現頻度をみることによって，人工知能は従来のように一過性のブームではなく，本格的に取り組むべき事業であることが分かり，また生体情報のノウハウを人工知能と結びつけることによって医療・介護・健康管理ビジネスに乗り出すことは，有望なビジネスとして成立する可能性があることなどが分かった。反面で，ロボットビジネスと比して，このビジネスは機械学習，画像認識などの人工知能の要素技術との結びつきは，

未だ十分ではないらしいことも推測され，今後この乖離を克服する努力が必要であることも理解された。

第6節　ピンポイントフォーカス型テキストマイニングのためのピンポイントのアクセス

6-1　特長語の発見および特長語を含む基本句の作成

　前節のように，共起関係を抽出するマイニングの単位のサイズを使い分け，分析結果を比較・対照することによって，全体を鳥瞰したり，その一部をフォーカスしてみることが可能になる。

　しかし，これだけでは新たなビジネスを立ち上げるためには機器にどのような機能を持たせることが必要なのか，またそのために必要な要素技術を開発するためのアイデアはどこにあるのかなどは分からない。これを知るためには，さらにピンポイントで深掘りしたマイニングを続け，膨大なテキストデータの遠く離れた場所に散らばっている情報を結びつけていく作業が必要である。そのためには，単語セットを作成し，さらにその中から特に注目すべき特長語を発見・設定し，この語を含む修飾関係・構文関係を共有すると予想される語を抽出することによってその集合を作成し，これから基本句を作成すること，さらに必要な知識を含むTBを有機的に関連づけることによって，詳しく具体的に解を得ることが必要である。

　そのために，まず特長語を発見するために，共起関係を利用することから始める。

6-2　特長語発見のための医療・介護・健康管理に関する語の出現頻度

　まず，上述の77語の中から，医療・介護・健康管理分野に関係する8語（「医療」「診断」「健康」「介護」「医療機器」「生体」「臨床」「介護ロボット」）を取り出し，これと共起する語を抽出した。もちろん，マイニング単位ごとに共起

するテキスト数も語の種類数も異なる。いうまでもなく，文単位では最も少なく，全文単位では最も大きくなる。文単位ではテキスト数は147,570件であり，このうち8語を含むテキスト数（マイニング単位数）は1,191，共起する語（一般名詞および複合名詞に限定）の種類数は5,563であった。また，5文単位ではそれぞれ158,646，4,423，16,547であり，全文単位ではそれぞれ2,106，175，30,000件以上（筆者のPCの処理能力の限界のため，正確な数は不明）であった。当然であるが，文単位でみると共起する語が少なくなるので，抽出された語の中から単語セットに含まれるべき候補語となり得る語を発見しやすい。しかし，マイニングツールが重要な共起関係を取りこぼしている可能性は大きくなる。これに対して，全文単位で見ると少なくとも30,000種類以上の候補となる語を抽出してしまうので，不注意で有力な候補となり得る語の見落としが生じやすい。しかも，本章で扱ったテキストデータ量はさほど大きくないが，企業の実際の意思決定に用いるデータの作成のためには，これをはるかに上回る大量のテキストデータをマイニングするので，共起語の種類がさらに多くなってしまい，人間の側が膨大なノイズに埋もれている重要な候補語を見落としてしまう可能性が一層高まる。どの単位が共起関係を捉えることが望ましいかを考える必要があるが，それぞれに長所と短所があるので，使い分けて総合的に利用することが望ましい。

　筆者は，5文単位で共起語を見ることが最も適切であると考える。その理由は以下である。

　表2-6は，3つのケースの共起する語のうち，医療・介護・健康管理サービスに関係のある8語と共起する一般名詞と複合名詞の中から筆者が重要と考える語を選び，その出現頻度を全文単位，5文単位，文単位別にみたものである。まず，全文単位での共起関係の中から，57語を抽出した。いうまでもなく，共起関係があるとマイニングツールが認知し抽出したすべての語の中から，人が重要と思われる語を選ぶ際に仮想A社X研究チームの主観に応じてバイアスがかかるし，そもそも膨大な語の中から客観的に公平に抽出することは難しいであろう。しかし，そうであるからこそ，A社にとって必要な知識が得られる可能性も高まるともいえる。57語のうち，5文単位でも共起関係があるとして

●表2－6●マイニング単位別の共起関係の比較（日経BP）

全文単位	件	文単位は0	5文単位は0	全文単位	件	文単位は0	5文単位は0
遺伝子	28			レントゲン画像	3		
健康管理	21			医療ビッグデータ	3		
手術	17			血糖	3	○	
医薬品	17			ゲノムデータ	3		
血管	16			介護予防	3		
ワトソン	13			バイオマーカー	3		
医療情報	13			臨床データ	2		
電子カルテ	13			生体分子	2	○	
血圧	11			筋電	2		
画像診断	11			オーダーメード医療	2		
神経細胞	10	○		呼気診断	2	○	
健康診断	10			生体信号	2		
臨床試験	9			遺伝子データ	2		
介護サービス	9			生体分子	2	○	
遠隔医療	9			医療情報システム	2	○	
診断支援	9			バイオセンサー	2		
ロボットスーツ	9			生体データ	2	○	
再生医療	8			健康管理アプリケーション	1		
医療画像	6			創薬ロボット	1	○	○
心電	6			新薬候補物質	1	○	○
生体センサー	5			候補化合物	1	○	○
予防医療	5			診断アシスト	1		
ゲノム解析	5			検診キット	1	○	
検査データ	5			脳型チップ	1	○	○
エキスパート・システム	4			皮膚センサー	1	○	○
非侵襲	4			薬剤情報	1	○	
心電図	4			医療用ウエア	1	○	
健康データ	4			生体センサー	1	○	
医療データ	4						

（注）「医療」「診断」「健康」などの8語のいずれかと全文単位で共起する語およびその件数。○は、全文単位で共起がありながら文単位あるいは5文単位では共起しない語。

抽出されたのは52語，文単位では41語であった。5文単位では全文単位で共起関係があると見なした語のうちの大多数を抽出しているのに対して，文単位ではかなりの語を共起関係があるとは見なしていない。しかも，5文単位で共起関係があると見なしていない語については，その出現頻度が1回だけの語が大

部分であるのに対して，文単位では出現頻度の大きい語も見なしていない。このことから，共起関係をみるうえで5文単位が適切であると解釈できる。

次に，57語のそれぞれについて，人工知能が果たす役割が大きい語を知るために，「人工知能」と57語との共起関係（5文単位）をみた（表2-7）。これによると，「人工知能」との関連が大きいのは，「臨床データ」「遺伝子データ」「医療データ」「生体データ」「医療ビッグデータ」「医療情報」などのデー

●表2-7● 語の総出現件数および「人工知能」との共起件数（日経BP）

語	(1)総件数	(2)人工知能との共起件数	(2)/(1)	語	(1)総件数	(2)人工知能との共起件数	(2)/(1)
臨床データ	25	20	80.0%	血管	120	26	21.7%
検診キット	5	4	80.0%	遠隔医療	106	21	19.8%
ワトソン	432	268	62.0%	再生医療	72	14	19.4%
医療用ウエア	5	3	60.0%	ロボットスーツ	78	15	19.2%
エキスパート・システム	376	199	52.9%	手術	328	60	18.3%
予防医療	31	15	48.4%	医薬品	325	54	16.6%
ゲノム解析	49	23	46.9%	診断アシスト	25	4	16.0%
遺伝子データ	22	9	40.9%	健康管理	160	24	15.0%
医療データ	57	23	40.4%	健康診断	88	12	13.6%
画像診断	127	51	40.2%	健康データ	51	5	9.8%
ゲノムデータ	25	10	40.0%	血圧	174	12	6.9%
診断支援	90	34	37.8%	呼気診断	47	3	6.4%
神経細胞	251	93	37.1%	臨床試験	73	4	5.5%
レントゲン画像	35	12	34.3%	生体分子	51	2	3.9%
バイオセンサー	15	5	33.3%	非侵襲	42	1	2.4%
生体データ	15	5	33.3%	オーダーメード医療	17	0	0.0%
医療ビッグデータ	38	12	31.6%	バイオマーカー	24	0	0.0%
医療情報	135	41	30.4%	医療情報システム	40	0	0.0%
医療画像	92	28	30.4%	介護予防	26	0	0.0%
遺伝子	486	145	29.8%	血糖	58	0	0.0%
脳型チップ	141	41	29.1%	健康管理アプリケーション	5	0	0.0%
電子カルテ	224	65	29.0%	候補化合物	5	0	0.0%
筋電	59	17	28.8%	新薬候補物質	10	0	0.0%
検査データ	35	10	28.6%	生体信号	10	0	0.0%
生体センサー	51	13	25.5%	創薬ロボット	5	0	0.0%
心電図	44	11	25.0%	皮膚センサー	5	0	0.0%
介護サービス	66	16	24.2%	薬剤情報	5	0	0.0%
心電	86	19	22.1%				

（注）5文単位で見た出現頻度および共起出現頻度。

タ関連技術である。医療データの解析が，人工知能が大きく貢献できる分野であることが分かる。また，「医療用ウエア」「ロボットスーツ」のように，身につけるデバイスも人工知能の果たす役割が大きい。

表2-6，2-7で得られた語の中から，生体情報を利用することによって可能となるビジネスカテゴリーを抽出すると，それは①臨床医療に関する語（「電子カルテ」「画像診断」「遠隔医療」など），②基礎・臨床医学，創薬に関する語（「遺伝子」「臨床試験」など），③介護に関する語（「介護サービス」「介護予防」など），④健康管理に関する語（「健康管理」「健康管理アプリケーション」）に分類される。仮想A社Xチームは，これらのマイニング結果を参照して，どの事業分野に進出し，人工知能を利用するべきかを判断しなければならない。

ここでは，Xチームは一般の消費者が日常生活での健康管理に利用するためのビジネスに興味を持ったと想定しよう。そうすれば，この分野に進出するために必要な技術課題は何か，その克服のためのアイデアはどこにあるのかを発見することが，マイニングの次の課題になる。したがって，この分野をさらにピンポイントで深掘りし，単語セットに含まれるべき語を発見し，その中から特長語を発見する必要がある。

6-3　特長語の設定

そのために，仮想A社Xチームは，人々の日々の健康管理サービスをビジネスとして成立させるために必要な技術や知識は，次のように分類するであろう。

①　どのような生体データを計測するか
②　どのような端末機器・デバイスでデータを計測するか
③　端末機器・デバイスが備える必要がある機能は何か
④　機能を実現するために必要な技術は何か

これを知るためには，まずこれらの知識を体現した語を発見し，単語セットの中に追加することから始めなければならない。そのために，すべてのテキストデータの中から，医療・介護・健康管理サービスに言及しているTBを取り出すことが必要である。したがって，表2-6に示される57語のうちのいずれ

かの語を含んでいるTBを抽出した。このTBに含まれる語（一般名詞，複合名詞）とその出現件数は，端末機器・デバイスとしては「ウェアラブル端末(36)」「リストバンド(13)」「リストバンド型端末(7)」「リストバンド型生体センサー(5)」「眼鏡型ウェアラブル端末(5)」「腕時計型端末(3)」などのウェアラブルな機器，計測するデータとしては「脈波(13)」「非侵襲血糖値センサー(9)」「脈拍センサー(9)」「睡眠管理(4)」「血糖値センサー(5)」「筋電計測装置(5)」「血流量(5)」による脈拍データ，血流データ，血糖データ，筋電データ，睡眠データなどの重要性が分かり，端末が備える機能としては「消費電力（41）」「低消費電力化(5)」「小型化(14)」「測定精度（9）」「軽量化(4)」「測定分解能(5)」「測定誤差(4)」などの駆動時間の延長，小型軽量化，分解能を高めて測定精度を高める機能などであった（( )内は出現件数)。また，技術課題を解決する手法に関する語はみられない。

　これらの派生した語と共起する語を繰り返し探索し続けることよって，さらに単語セットに含めるべき語を発見できるので，このような作業を繰り返すことが必要である。とりわけ，技術解決手法のための語が見つかっていないので，この語に重点を置いて作業を継続することが必要になる。このようにして重要な語を抽出し，その出現頻度の時系列データなどをみることによって，知識を得ることができるはずである。

6-4　基本句の作成

　しかし，語の単出現頻度や語と語の共起関係をみるだけでは，文の真の意味を正しく抽出できない場合が多い。例えば，1つのTB内で「腕時計型端末」「小型化」「血流量」「測定」が同時に出現（すなわち共起）していたとしても，「腕時計形端末で血流量を測定する」が元の文に含まれていた意味なのかどうかは分からない。実際には，「血流量のデータを有し，また小型化された腕時計型端末で血圧を測定する」が原文であったのかもしれない。もしそうであれば，「腕時計型端末で血流量を測定する」という知識を導くことは正しくない。その場合には，正しい意味を持つ基本句として「＜小型化＞の機能を持つ腕時計形端末」「＜血圧＞を測定する」を抽出しなければならない。

したがって，X社Aプロジェクトチームが誤りを可能な限り排除し，正しい意味を抽出するためには，語を基準としてマイニングするだけでなく，構文関係を有する句を基準としてマイニングすることが望ましい。例えば，前項の①は「＜　＞を測定」「＜　＞の測定」「＜　＞を計測」「＜　＞の計測」，②は「＜　＞で計測」「＜　＞で測定」，③は「＜　＞の機能」「＜　＞という機能」，④は「＜　＞の手法」「＜　＞の解析手法」などの基本句を作成し，その＜　＞の中を埋めることによって正しく抽出できる可能性が高まる。

　例えば，「血圧を測定する」という表現のように，「を」「の」を介して「測定」「計測」と係り受け関係にある語は，サービスの対象とするデータを示唆する場合が多い。また，「機械学習で解析」という表現のように，「で」を介して「解析」と係り受け関係にある語は，人工知能を含む解析手法を示唆する場合が多い。したがって，これらの表現と係り受け関係にある語を抽出することが，より無意味な語を排除した厳密な抽出を可能とする。

　しかし，句を基準とした自然言語処理の最大の難問は，同一の意味がさまざまに異なって表現されるという点にある。「血流量を測定する」と同じ意味を，「血流量が測定される」「血流量を計測する」や，さらに「腕時計型端末で測定することによって血流量を知る」のように，逆転している場合もある。また「新しい血流量センサーを開発した。これにより非接触で測定できる」のように，文が分断されている場合もある。「血液の流れる量と速度を測定する」のような場合もある。**表2-8**は，この多様性のほんの一例でしかない。これらの構文構造を理解し，1つの基本句としての「血流量を測定する」に吸収し統一しなければならない。

　したがって，このような自然言語処理の困難を克服し，構文関係を抽出する研究が重要になる。そのための構文解析技術は日々進化しているし，そのためのツールも多く生まれている。しかし，現在の構文解析技術には限界があり，実用可能なレベルにまでは達していない。したがって，ツールを利用したうえで，最終的には人が判断して構文を理解し，基本句を作成していき，それを進化させ続ける必要がある。

●表2-8●基本句と同一の意味の別表現事例

＜ ＞を計測	「微少信号計測可能なセンサーを開発」「計測して構造物の表面構造」「非接触で脈拍を測る」「脈拍値を求める」「筋電データの計測」「筋電データを収集」「人間ドックのデータの収集」「温度センサーで測定した。得られた体表温度に注目する」「血糖値を測定」「体温が計測可能」
＜ ＞で測定	「ミラーを動かすことで計測」「タブレットに心拍数を表示」「体温を測定するウェアラブル端末」「MRIにより計測」「計測監視ソフトを搭載」「計測用の端末機器を開発」「振動センサーによって計測」
＜ ＞の機能	「異常検知機能を持つ」「機械学習機能を持つ検査機器」「人工知能を有効に機能させるためのデータ量」「AIの機能により高い解析精度を実現」「機械学習機能を持たせた。そうすると柔軟な制御が可能になる」
＜ ＞の手法	「人工知能の手法の1つであるモンテカルロ法を用いる」「手法として機械学習アルゴリズムを用いる」「ディープラーニングを用いる方法がある」「教師無し学習を用いて形態素解析実現する手法」「分散信組学習という手法」「実現する手法を開発した。それは新しい回路構成で擬似的にマルチコア化することで可能になったディープラーニングと呼ばれる手法」「高速に分散表現を構築する手法」

（出所）　筆者作成。

6-5　助詞も含めた共起関係の抽出

　以上のような限界があることを踏まえたうえで，基本句を進化させる。まず，係り受け関係を持つ語を基準としたマイニングをするために，「＜ ＞を計測」「＜ ＞で計測」「＜ ＞の機能」「＜ ＞の手法」と共起する語をみた。マイニングツールはIBM Watson Content Analytics（以下，「WCA」という）を用いた。

　マイニング前の予想としては，「計測」「測定」「機能」「手法」のように，一つの単語と共起する語の種類は多くなるが，「を計測」「で計測」「の機能」「の手法」のように助詞を含む句と共起する語の種類は少なくなり，また「を測定」と係り受け関係にある語は生体情報の比率が多くなり，「で測定」の場合は測定する機器の語が多くなるであろうというものである。

　実際にマイニングした結果は，予想どおりであった（表2-9）。表2-9の（　）内の数字は出現件数の順位である。まず，係り受け関係を含まない「計測」「測定」「機能」「手法」と共起関係がある語をみると，「計測」を含むTB数は83，含まれている一般名詞および複合名詞の種類数は1,065である。また，「測定」はそれぞれ101，1,122，「機能」は546，1,659，「手法」は149，1,488であった。しかし，この中にはセンサーで取得される生体情報の種類や機器・装

● 表2-9 ●係り受け関係を基準とする語の抽出（日経BP）

基本句	起点となる語・句	テキストブロック数	共起語数	共起語（順位）
を計測	計測	83	1065	歩数(8)、脳波(16)、体温(41)、睡眠(68)、心拍(92)、血流量(92)、身体データ(169)、個人差(169)、心電(169)、血圧(169)、タブレット端末(169)、脳血流(169)、リストバンド型デバイス(169)、脈拍(169)、個人(169)、未然(169)、運動量(279)、睡眠時間(339)、超音波センサー(339)、画像認識(553)、画像(553)、予兆(835)、異常(835)
	測定	101	1122	心拍(10)、血圧(13)、脈拍(14)、心電(33)、心拍数(39)、消費カロリー(59)、睡眠(127)、血流(127)、個別(127)、睡眠(127)、血流量(127)、個別化医療(127)、体温(127)、異常(127)、異常値(227)、体重(460)、活動データ(460)、生活データ(460)、静脈(460)、リストバンド型デバイス(917)
を計測	を計測	26	360	歩数(1)、運動量(88)、脳波(88)、睡眠時間(88)、身体データ(155)、睡眠(236)、健康データ(236)
	の計測	7	96	血流(4)、脳(4)、血流量(28)、脳血流(28)、脳内ホルモン(32)、脳内(32)
	を測定	37	533	心拍(10)、消費カロリー(15)、心拍数(15)、体温(25)、脈拍(25)、個別化医療(25)、呼吸数(25)、心電(60)、体重(125)、異常(125)、スマートウォッチ(125)、生活データ(125)、活動データ(125)、静脈の情報(125)、リストバンド型ウェアラブル端末(420)
	の測定	16	194	体温(4)、血圧計(11)、血圧(11)、非接触ICカード(11)、体内時刻(40)、異常値(40)、生活情報(83)、脈拍(83)、呼吸数(83)、呼吸数(83)
	で計測	15	244	端末(5)、タブレット端末(5)、脈拍センサー(5)、血圧(7)、血流(7)、脈拍(7)、超音波センサー(54)、ウェアラブル端末(209)
	で測定	13	165	センサー(1)、iPhone(11)、血圧(11)、心型化(11)、微細化(46)、スマートウォッチ(46)、アプリケーション(122)、スマートフォン(122)、医療用機器(122)、心電計(144)
の機能	機能	546	4659	診療(12)、画像(65)、個人(93)、クラウド(93)、予測(150)、クラウド連携(522)、異常(522)、診療支援(438)、クラウド連携(522)、画像(522)、画像認識(920)、健康管理(921)、機器連係(921)、予兆(3,720)、心電(294)、節電モード(1,501)、異常検知(1,501)、未然(1,501)、画像データ
	の機能	125	1441	診療(5)、クラウド(95)、クラウド連携(95)、画像認識(275)、機器連係(275)、画像認識(455)、機器連係(455)、画像(455)、異常検知(455)、画像データ(275)、診療支援(132)、健康管理(132)、個別(136)、健康管理(455)、画像データ(455)
	という機能	4	48	未然(1)、心電(1)、予兆(30)
の手法	手法	149	1488	深層学習(3)、人工知能(27)、アルゴリズム(27)、AI活用(67)、個別(137)、予測(137)、未来予測(178)、ニューラルネットワーク(178)、AI活用(178)、未来予測(178)、マービン・ミンスキー(289)、能動学習(389)、周波数分析(827)、マッピングルール(1,162)
	の手法	55	643	未来予測(47)、ニューラルネットワーク(65)、AI活用(65)、マービン・ミンスキー(150)、アルゴリズム(150)、深層学習(150)、能動学習(150)、個別(237)、マッピングルール(485)、周波数分析(485)、心電データ(596)、個別(735)
	という手法	4	62	人工知能(40)、心電データ(40)

（注）（ ）内は出現頻度の順位。出現順位が高い語、および出現頻度が10回以上の語を中心に抽出したが、それ以外にも重要と思われる語についても抽出した。

置や解析手法以外の語，無関係な語も多く含まれる．

　これに対して，計測対象の候補となる各種生体情報との共起関係が期待される「を計測」「の計測」「を測定」「の測定」は，いずれも共起語の種類数は減少し，「歩数」「血流」「心拍」「体温」「消費カロリー」「血圧」「脈拍」「呼吸数」など，身体の変化と直接結びついたデータが上位にみられ，したがってその発見も容易になる．例えば，「異常値」「異常」の発見も容易になるので，異常値を計測することの重要性も分かる．また，身体データだけでなく，「生活データ」「生活情報」のように，身体に直接結びつくのではなく，生活全般に関するデータも重要な対象となるという興味深い結果も得られやすくなる．

　また，データを収集するための機器との共起が期待される「で計測」「で測定」については，「タブレット端末」「センサー」「iPhone」「スマートウォッチ」「超音波センサー」「アプリケーション」などが上位に現れるので，その重要性が発見しやすくなる．

　同様に，機器に必要な機能を抽出する可能性が大きいと予想される「の機能」との共起関係から，「未然」「予兆」のように，疾患の予兆を知り，未然に防ぐための機能が必要であることが分かる．また「節電モード」との共起関係の存在から，省電力もウェアラブル機器に求められる重要な機能であることが分かりやすくなる．

　さらに，これらの機能の実現のための技術を抽出すると予想される「手法」と「の手法」とを比較してみると，「未来予測」と「手法」との共起は178位に出現するのに対して，「の手法」との共起では47位に上昇していることによって，予兆を発見する技術の重要性を知ることが容易になる．

　以上から，単に「計測」「測定」「機能」「手法」との共起語から抽出するよりも，「を計測」「で計測」「の機能」「の手法」で抽出すれば，①共起語数が絞られる，②上位に現れるという2つの理由により，重要語の発見が容易になることが理解された．そして，この結果にもとづいて，例えば，基本句を「<未来予測>の手法」や「< >の手法で未来予測」などへと進化させることができる．

　しかし，いうまでもなく，例えば「を測定」によって計測対象となる生体データを体現とする語の大部分を抽出できるわけではないし，「で計測」との

共起関係によって測定手段となる機器をすべて抽出できるわけではない。これ以外にも係り受け関係にある語は多数存在しているし，文法的な係り受け関係はなくても，実際上は計測すべきデータを体現している語を取りこぼしている場合は，それ以上に多く存在するであろう。例えば，「で計測」と類似した意味を持つ語として，「で吸収」や「によって計測」などがある。このように同じ意味が多様な語によって表現されるのが自然言語の特色であり，この多様性を上述の方法で抽出し，基本句の中にすべて吸収することは難しい。

　この多様性を吸収する1つの手法は，辞書を作成することであろう。例えば，「で計測」と同義の句として，すでにみた「によって計測」「で測定」「によって測定」などを，いわば力任せに追加していくことである。もちろん，あらゆる文脈に妥当するような辞書を作成することは不可能である。しかし，企業がある特定の目的あるいは文脈で発見したい場合には，その目的に適するように語を工夫することによって，かなりの程度において重要な語を発見できると考えられる。

　さらに，「によって収集」ではなく，「よって」と「収集」とを分離し，2つの語との共起関係をマイニングするアプローチも，選択肢の中に含められるであろう。なぜなら，「生体情報を収集する別の方法は，ウェアラブル機器によってである」というように，「よって計測」の「よって」と「収集」とが分離されている場合も多いからである。したがって「よって収集」の代わりに，「「収集」and「よって」」（「収集」と「よって」のand検索を意味する）の共起関係でマイニングすることによって，取りこぼしの可能性を減らすことにする。さらに「で計測」に類似した表現として，「「データ」and「収集」」，「「データ」and「分析」」なども含める。

　その結果は，**表2-10**のとおりであった。「を計測」と類似した「「データ」and「収集」」の場合には，「クラウド」が上位に現れる。また「「データ」and「分析」」によって，「ライフログ」を発見できるのも興味深い。また「特徴量」「因果関係」にも気づく。「ライフログ」「特徴量」「因果関係」は疑いなく重要語であるが，必ずしも上位にはない。これらの重要語が上位にくるような類似表現を工夫することを，分析担当者は求められる。

第2章 ピンポイントフォーカス型テキストマイニング手法　73

● 表2-10 ● 基本句のヴァリエーション

基本句	類似表現	テキストブロック数	共起語数	共起語（順位）
日経BP を計測	[データ] and [収集]	24	347	クラウド(4), センサー(5), クラウドサーバー(25), リアルタイム(25), クラウドサーバー(103), 異常検知(103), 異常(103)
	[データ] and [分析]	19	318	クラウド(13), センサー(21), 3D(21), 異常(25), 異常検知(88), 画像データ(88), 特徴間(88), リアルタイム(154), 特徴量(658), 因果関係(1,041), ライフログ(1,524)
	[データ] and [活用]	10	334	クラウド(9), 異常検知(39), センサー(39), 特徴量(807)
	[データ] and [取得]	8	173	センサー(90)
で計測	[用い] and [計測]	1	69	マルチコア(1)
	[より] and [計測]	2	52	体格(1), 特徴(1)
	[利用] and [測定]	2	46	健康状態(1), 呼気(1), 腸内(1)
	[よって] and [計測]	11	245	脳波計(7), 歯磨(7), リストバンド型デバイス(28), 個人差(28), 体脂肪計(28), 非接触(64), 脳波(64), 心拍(64), 超音波センサー(108)
の手法	[手法] and [用い]	10	215	特徴(79), 非接触(79), 機械学習(79)
特許公報 の機能	[機能]	15,523	不明	
	[の機能]	4,348	13,023	情報絞り込み検出機能(1,947), 二重並列合否判定(2,586), 診断エージェント(2,943), データ交換(4,014)
	[機能] and [持つ]	17	130	二重並列論理演算(5), 二重並列合否判定(5), 情報絞り込み検出機能(5), ブラインドサーチ(123)
	[機能] and [実現]	37	498	二重並列論理演算(13), 学習アルゴリズム(123), フィードバック(123), オリティ機能(66), 情報絞り込み検出機能(13), 二重並列合否判定(13), 非接触(183), 予測(372)
の手法	[手法] and [実現]	4	208	アルゴリズム(2), 探索速度(15), 評価関数(15), ブラインドサーチ手法(54), アニーリング法(94)
	[手法] and [用い]	21	208	評価関数(15), evolutionary programing(92)
	[よって] and [解決]	15	110	データベース(5), クラウド(5), データ交換(5), 腫瘍専門医(5), データベース間(33), 臨床関連知識(59)
	[よって] and [可能]	8	162	診断エージェント(3), パターン認識(66)

（注）（）内は出現頻度の順位。出現順位が高い語、および出現頻度が10回以上に抽出したが、それ以外にも重要と思われる語についても抽出した。

また,「で計測」の同義句としての「「用い」and「計測」」の場合には「マルチコア」が上位に出現する。これはマルチコアシステムを持つ機器の重要性を示唆していると解釈できる。

　このように，基本句と同義の表現を適切に追加することによって，基本句を進化させ，豊かにすることができる。

　基本句の＜　＞の中に含めるべき語を発見するための別の手法は，並列関係にある語を手がかりとすることである。すなわち，基本句の＜　＞の中に含めるべき重要な語であることが理解されている語と並列関係にある語は，同様に＜　＞の中に含まれるべきである語である可能性が高い。例えば，日経BP記事の中に,「実験では心拍数や体温を計測するリストバンド型センサーを患者の同意を得て装着した」という文があるので，構文解析した[3]。そうすると「心拍数」と「体温」が並列関係にあることが発見される（図2-4）。仮に「リストバンドで＜心拍数＞を計測」が重要な基本句の1つであるとすれば,「リストバンドで＜体温＞を計測」も重要な基本句候補となり得ることが理解される。もちろん，上述のように現状の構文解析の水準は十分とはいえないが，この向上により有効なツールになると期待される。

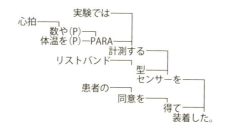

（注）　KNPを用いた。

●図2-4●構文解析による並列関係の抽出事例

　このように，マイニングアルゴリズムの限界を分析者が補完し，継続することによって基本句を進化させることができる。

　前項および本項から，4つの基本句ごとに以下の語が注目される。

3　多くの構文解析ツールが提案されているが，ここでは日本語構文・格・照応解析システム「KNP」を用いた。
　（http://nlp.ist.i.kyoto-u.ac.jp/?KNP）

① 計測対象とする生体情報についての基本句「＜　＞を計測」の＜　＞内に含まれるべき語の候補

「歩数」「脳波」「睡眠」「血流」「血流量」「運動量」「心拍」「体温」「脈拍」「心電」「個人差」「ライフログ」「生活情報」「血圧」「消費カロリー」「異常」

② 計測するための機器についての基本句「＜　＞で計測」の＜　＞内に含まれるべき語の候補

「血圧計」「非接触センサー」「超音波センサー」「タブレット端末」「ウェアラブル端末」「タブレット端末」「iphone」「スマートフォン」「スマートウォッチ」「アプリケーション」

興味深いのは，ウェアラブル機器が計測するデータや機器のタイプを表現する①②については，＜　＞内に入るべき語が比較的多く得られたのに対し，技術の機能やアイデアを表現する③④については必ずしもそうではないという事実である。日経BPの記事は，技術そのものを対象としたものではないからであろう。したがって，技術に関する知識を中心に叙述されている特許公報を見る必要が生まれる。そうすると，表2-10のように抽出された。したがって前項および本項から以下の語が注目される。

③ 基本句「＜　＞の機能」と＜　＞内に含まれるべき語の候補（機器が持つ必要がある機能）

「クラウド」「クラウド連携」「機器連係」「異常」「異常値」「マルチコア」「節電モード」「二重並列論理演算」「情報絞り込み検出機能」「画像認識」「未然」「予兆」「診療支援」「探索速度」

④ 基本句「＜　＞の手法」の＜　＞内に含まれるべき語の候補（機能を実現するための技術）

「マービン・ミンスキー」「周波数分析」「ニューラルネットワーク」「深層学習」「能動学習」「評価関数」「診断エージェント」

6-6　深層学習の利用による基本句の進化

このようにして，さまざまな表現や単語を「＜　＞で計測」等の基本句に吸収することができる。さらに，＜　＞の中に入る語を探索することによって，基本

●表2-11●Word2vecによる類似語

起点となる語	類似語(順位)
ウェアラブル端末	眼鏡型ウェアラブル端末(9), リストバンド型デバイス(25), 医療現場(63), ビッグデータ(28), 脳波(81), 睡眠関連製品(82), モバイル端末(118), 健康管理(123), 生体センサー(126), IoT機器(143), 携帯電話(144), モバイル機器(160), メガネ型ウェアラブル端末(171), 機械学習機能(176), 機械学習支援サービス(195), 健康支援サービス(201), 慣性センサー(202), スマートフォン連携(214), 動脈硬化度(225), 着衣型生体センサー(234), 活動量(247), 時系列解析(257), 健康機器(258), 診療部門(269), バイタル値
ライフログ	行動計測センサー(6), 臓器温度(23), 運動量(62), 生活データ(68), 他機器(97), ヘルスケアデータ(139), 低糖質商品(140), 医療機関向け(141), パーソナルデータ(148), モバイルアプリ(169), 健診データ(229), 介護業務全体(259), 家族介護(273), 行動データ(289)
異常値	相関(2), 感染症(7), 状態変化(18), 特異現象(29), レム睡眠(33), 特徴収集(42), 入院長期化(47), 回復状況(52), 時間変化(75), 心拍測定(126), 非線形回帰(134), 特徴点(217), 継続収集(221), 特徴値(226), 因果関係(228), 治療開始(232), 持病(239), 安定度(260), 突き合わせ(269), 日常生活支援(277), 基準値(291)
個人差	循環器専門医(5)
個別化医療	健康管理機能(15), 患者データベース(52), 健康増進(106), 生活者情報(212), 個人医療情報(244), 非侵襲血糖値センター(295), 看護小規模多機能サービス(300)
予兆	兆候(2), 兆し(3), 未然(4), 異常予兆(8), 異常値(14), 状態変化(21), 症状(33), 予測値(36), 呼気(42), 病気(46), 伝染病(46), 特徴点(48), 電位差(57), 体調(77), 感染症(82), レム睡眠(87), 予知検知(96), 風邪(102), 眠気(130), 前兆(183), 臨床サンプル(198), 振動波形(201), 心拍的不調(203), 長期生存率(205), ストリーム系データ(224), 並列処理的(230), 振動数(234), 生体データ(263), 心拍数(279), 眠気推移(291)
未来予測	画像診断エンジン(54), 機械学習手法(85), 高齢者ケア(207), ディープラーニング活用(219), コグニティブコンピューティング(229)
周波数分析	正常時(20), データ分析サーバー側(150)
評価関数	プログラム(1), パラメータ(2), アルゴリズム(3), 評価値(5), 人工知能プログラム(15), 機械学習(23), ニューラルネットワーク(42), 特徴量(59), 予測式(76), モンテカルロ法(199)

(注) Word2vecにより抽出された類似語。( )内は類似度の順位

句を内容豊かなものへと進化させる。

　共起関係にある語の中から基本句の<　>の中に入れる語の候補を発見し，基本句を進化させるために，前後の文脈を読み取って類似性が大きい語を発見することのできるWord2vecを適用することもできる。そのために，健康管理システムを理解するための起点となる特長語として，表2-9，2-10に含まれる語を中心に「個人差」「異常値」など9語を選び，日経BPの全記事2,015件の中から類似性が大きい語をみたのが**表2-11**である。

　表2-11から，「運動量」「生活情報」のような日常的な生活そのものに関するデータの計測が重要であること，「ストリーム系データ」のようにデータを時系列で見ることが大切であることなどが理解される。また，異常の予兆を発見するためには，「波形振動」のように各種の波形の解析が必要であること，解析手法としては「モンテカルロ法」などが有効かもしれないことなどが理解される。

　このことから，例えば「＜生活情報＞を計測する」「＜時系列情報＞を計測する」「＜波形解析＞の機能」「＜モンテカルロ法＞の手法」というような，基本句を得ることができる。

第7節　テキストの類似性による知識の精緻化

　前節までに，基本句を作成し，基本句の中に含まれるべき語を探索・進化させ，その語の集合を充実させ続けることによって精度の高い知識を獲得できることを論じた。もちろん，同じ意味を持つ多様な表現を1つの基本句に適切に吸収するには，自然言語のヴァリエーションはあまりにも大き過ぎるという難問が立ちはだかっている。しかも，この難問に加えて，技術に関する知識を獲得する場合には，別の難しさがある。なぜなら，上述のように技術は背景知識が乏しいので，テキストマイニングから得られる知識自体を精緻化しなければ，その意味を正しく理解することができないからであり，しかもそのために必要な知識はテキストのさまざまな場所に散らばって叙述されているからである。さまざまな工夫や実験を行うことによって，少しずつこれらの困難を克服して

いくことが，今後の課題であろう。

仮想Xチームがこの困難を解決するための1つのアプローチは，基本句を得るのに適した5文単位のTBに注目し，各所に散らばった複数のTBを結びつけていくことである。本節ではそのための手法を模索する。

7-1　クラスター分析によるTBの類似性発見

必要な知識を含むTBがどこにあるのかを知るために，全テキストを読むことが望ましいが，量が膨大なのですべてを読むことは不可能である。必要な箇所を重点的に取り出し，そこにフォーカスして読むことが必要になる。そのためには，必要なテキストが含まれている可能性が高い箇所を可能な限り的確に抽出することが求められる。

必要な箇所が叙述されている可能性が高い箇所を発見するために，TBの類似性を基準するのが一般的なアプローチである。類似性が大きい箇所に，必要な知識が叙述されている可能性が大きいからである。このことを分かりやすく例示するために，医療・生体・健康管理サービス関連のTBの中から，「予兆」「異常」「計測」「機能」のいずれかの語を含む100件を任意に抽出し，TB1～100とラベリングした。このTB間の類似性を，階層的クラスター分析によりみた（図2-5）。

その結果，「介護ビジネス」「端末機器・センサー」「データの共有・連携」「医療・医薬・介護データ」「生体データ，生体の時系列データ」「ビッグデータ・AIの医療・健康管理サービス利用」「機器連携，データの共有・連携」という7つのクラスターを抽出できる。このようにして得られたクラスターから，どのようなデータを計測するか，どのような機器でデータを計測するかが重要なテーマであることが理解される。さらに，さまざまなデータは共有・連携され，そのための機能を機器が持つことを求められていること，またデータの解析手法としてはビッグデータ・人工知能が必要であることなどが分かる。

とりわけ興味深いのは，「生体データ，生体の時系列データ」のクラスターである。このクラスターに含まれているTB6，7，18，33，49，54には，「常に」「日常」「連続的に」「普段の」「日々の」「若い時の生体データ」などの語

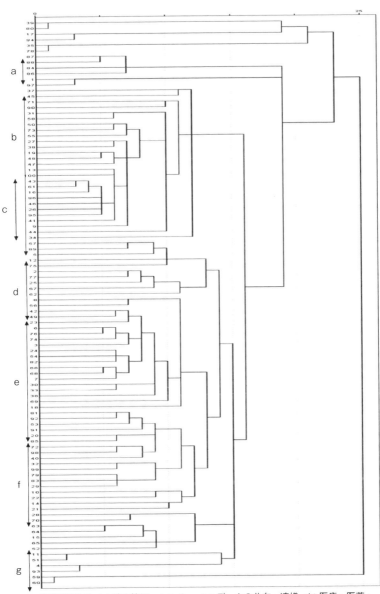

a：介護ビジネス，b：端末機器・センサー，c：データの共有・連携，d：医療・医薬・介護データ，e：生体データ，生体の時系列データ，f：ビッグデータとAIの医療・健康管理サービス利用，g：機器連携，データの共有・連携

●図2－5●TBの類似性のクラスター（Ward法）

が含まれている。データの収集が継続的に行われることの意義が大きいこと，すなわちバイタルデータを常時計測し，時系列データを得て，若い時や健常時のデータと比較することに価値があることが示されている。このことから，「時系列データ」が重要な特長語となり得ることが理解される[4]。したがって，「<時系列データ>を計測」「<　>の手法で時系列データを解析」などの基本句を作成し，「時系列」を特長表現とし，これを起点としてTBを結びつけていくという事例を設定して，マイニングを続けることが重要な知識の発見につながるという期待が生まれる。

また，「生体データ，生体の時系列データ」に属するTB8は，次のとおりである。

「……iPhone上の健康管理のアプリにデータを記録するといった使い方ができる。皮膚に光を当てると，血流量に応じて光の吸収量が変化することを利用している。手首でLEDの光を毎秒数百回点滅させて，その反射を感光センサーで読み取っている。また，データ分析技術と新しい小型のバイタルセンサーを組み合わせたアプリケーションが次々に登場している。……」

このTBを読むことによって，基本句として「<iphone>で<血流量>を計測」という基本句を作成できる。オリジナルテキストから，アルゴリズムのみに依存して，このような基本句を作成することは不可能である。これから理解されるように，全テキストデータを5文単位のTBに分割することの利点の1つは，意味の塊が短く切り出されているので，人がその構文を正しく解釈し，比較的容易に基本句を作成できるという点にある。

7-2　特長語の検索によるTBの結びつけ

「<時系列データ>を計測」という基本句の重要性が理解されたので，次にこの基本句を起点として，知識をさらに精緻化するうえで必要な叙述を含むTB

---

[4] 病気の兆候を示すバイタルデータの閾値（基準値）は，年齢その他によって個人差があり，テーラーメードで閾値を知るためには継続的にバイタルの変化を計測することが必要であるとされている（前田，2017, pp.72-74）。また健康時のデータ，若い時のデータなどが有益であり，例えば学校検診のデータは，大人になったときにかかりやすい疾患を予測するのに役立つと考えられている（21世紀医療フォーラム編，2014, p.14）。時系列データという意味は，長いタイムスパンで捉えられるべきである。

第2章　ピンポイントフォーカス型テキストマイニング手法　　81

を探索する。そのためにまず，特許公報の中の医療・健康管理サービスに関係している上述の4,875件のTBの中から，「時系列」という語を含むTBを抽出する。そうすると38件が抽出された。その中に以下がある。

　「……情報処理装置は，このマップを解析することにより病変等の位置，サイズ，形状等を特定し，特定された情報に基づいて疑い病名の推定，特徴の抽出等を行い，それにより得られた情報をコードに変換することができる。……情報処理装置は，この時系列情報を解析することにより病変の変化（トレンド，変化率等），疑い病名等を求め，それにより得られた情報をコードに変換することができる。……」

　「……複雑化要因は，症候群，異常症例，栄養又は栄養失調症，環境要因，遺伝子レベルでの突然変異，家族歴（例えば，精神遅滞の家族歴），又は扶養問題さえも含むことができると考えられる。……このようなデータベースは，あらゆる様式で接続することができる。システムはまた，上述の健康上の複雑化要因のいずれに関する時系列的情報も表すデータを含む。エキスパートシステムは，診断及びスクリーニングデータを入力するための少なくとも1つの入力部を含むことができる。……」

　このTBから，本人のバイタルデータだけでなく，社会全体の診療データや社会的環境データを含めて広く取り込み，本人のバイタルデータと結びつけて解析することが異常の予兆発見に役立つ可能性があることなどが理解できる。

　さらに，以下のTBも得られる。

　「……ベイジアン・ネットワークなどの確率的グラフィカル・ネットワーク（PGN:Probabilistic Graphical Network），および時系列パターン認識技術などを利用する。……知能エージェント（IA）またはエージェントのネットワークを備える。AIMCシステムは，複数のIAと併せて，1つまたは複数のプロセス・モデルおよびモデル予測制御技術を統合する。各々のIAは，確率的グラフィカル・モデルまたはベイジアン・ネットワークなどの確率的な推論法を利用して，特化された分析，診断，制御指示を実施し，指示し，優先順位を付ける。」

　「……ブロック306において，複数の特徴ベクトルが，ニューラルネットワークのような人工知能ネットワークに入力される。人工知能ネットワークは，ドメイン知識を利用することによって，関連付けられた根本原因に応じて，複数の欠陥

のある状況/欠陥を分類するようトレーニングされている。トレーニングされると，人工知能ネットワークは，未来の時系列を予測する動作中のシステムと共に，ハードウェア上に配備され得る。事前に設計された欠陥分類人工知能ネットワークが時間予測ニューラルネットワーク（time predictive neural network）に適用され，発生し得る異常だけでなく，欠陥に寄与し得るコンポーネントまたはサブシステム内の複数のコンポーネントが識別される。……」

このTBから「＜ ＞の手法」を「＜確率的グラフィカル・ネットワーク＞（あるいは＜時系列パターン認識技術＞，＜欠陥分類人工知能ネットワーク＞，＜時間予測ニューラルネットワーク＞）の手法で時系列データを解析」へ進化させ，時系列データおよびさまざまな関連情報から異常の予兆を発見するためには，どのような技術が有効であるかを知ることができる。

また「未来予測」を含むTBは10件あり，その中に以下があった。

「複雑系システムを連立差分方程式で表現する動的モデル式の作成法は，上記静的モデル式の作成法を少し変えればよい。現時点（t）の変数値をX1（t）とすると，X1（t）は過去の時点（t－1）の変数値X2（t－1）と，さらにその前の過去の時点（t－2）の変数値X3（t－2）とで求まるとする。この時，現時点（t）の変数値X1（t）は下式⑰で表される。これが，本発明の複雑系システムの動的モデル式である。

X1（t）＝a＋bX2（t－1）＋cX3（t－2）………（17）

上式（17）より，時点を変えることにより，未来予測値X1（t＋1），X1（t＋2）……が下式（18a），（18b）のように求められる。」

このTBから，異常発生の予兆を発見するために有効な連立差分方程式についての1つのモデルを得ることができる。

7-3　深層学習を用いたTB間の類似性発見

TBを結びつける別の手法は，機械学習や深層学習を導入して，単語の類似性によってではなく，文脈の類似性を発見することである。この類似性を抽出するさまざまな学習アルゴリズムが提起されているが，ここではWord2vecを発展させたDoc2vecを例として取り上げる。そして，必要な技術的アイデアを

表現していると予想されるTBを起点として，これと類似度の高いTBを発見する．

　仮想A社Xチームは時系列データの重要性を認識したので，系列データに必要な機能や技術的手法を叙述したTBを発見したいと考えるであろう．技術に関する叙述は，日経BPの記事よりも特許公報に多く含まれているので，特許公報のTBを中心にマイニングするであろう．そしてまず，機能や手法が叙述されているTBをいくつか選び，これと類似しているTBを探索するという手順で進めるであろう．

　まず，TBとして，時系列データを利用した異常の予兆検知という重要な機能を表現している2つのTBを，日経BP記事の中から選ぶ．異常の予兆発見のために必要なデータや手法について叙述しているビジネス記事は，日経BPには含まれていないので，特許の中から探す必要がある．そのために特許公報の中の医療・健康管理サービスに関係している4,875件のTBの中から，2つのTBとの類似性が大きいTBを抽出した．その中で注目されるTBは，表2-12のとおりであった．（　）内は類似性の順位である．

　同表から，異時点間の学習データの比較に基づいて異常を検知する手法のヒントが得られる可能性があり，健康管理サービスとしてサプリメントを推奨する仕組みの構築が有望なビジネスとしてあり得るという知識も得られる．さらに，時系列データから異常を予測するための手法として，ベイジアン・ネットワークの利用が有効であるらしいという知識も得られる．

　しかし，類似性が大きいTBの中から，技術的アイデアに関するTBがこれ以上に得られることはなかった．その理由としては，①曖昧で多義性に満ちている自然言語を正しく解釈するには，Doc2vecのアルゴリズムは未熟であること，②求める知識が叙述されているTBが少ないことなどが考えられる．

　このように，現在の機械学習技術の水準は，自然言語処理には十分ではないことは否定しがたいという現実を受け入れたうえで，可能な限り必要な知識が叙述されているTBを発見するための手法が求められる．その1つの工夫は，求める知識が叙述されているテキストとの類似性が大きくなるように，起点となるテキストを工夫して作成することである．その工夫の1つは，起点となる

●表２－12●テキスト間の類似性（Doc2vec）

起点となるテキストブロック	
	類似するテキストブロック（順位）
Apple Watchや血圧計のように「日常的に使える機器の測定精度が高まってきたことで、これらを医療の質の向上に生かせるようになってきた」と木村氏は研究の背景を語る。症状急変をAIが予見するこうした遠隔モニタリングの有用性をより引き出すためには、AIの活用が欠かせない。バイタルサインに閾値を設け、アラートを出すような単純な仕組みではなく、さまざまな生活情報や生体情報を統合的に解析し、それぞれの患者背景や電子カルテの記載に照らして症状急変を予見する。そんな仕組みこそが、遠隔モニタリングの真骨頂だからだ。何気ない日常の仕草や生活習慣のちょっとした変化、バイタルサインのわずかな揺れの中に、AIは見逃してはいけない疾患の兆候を見いだす。	
	(40)【0047】しかしながら、通信処理速度や学習予測に伴う処理速度を現実的なものに制限するために、分散コンピューターにおいてマザーコンピューターの有する処理を一部行うとともに、コンピューターの空き時間やタイムスケジュールを利用して通信し、マザーコンピューターとの学習データベースの整合性と相互補完を図るのが望ましい。【0048】例えば、日時Aと日時Bの学習データベースがあり、分散コンピューターの診断システムは日時Aと日時Bの学習データベースを結合して読み込むとともに、日時Aについては各分散コンピューターによって収集された新規な学習データベースである場合、各分散コンピューターは空き時間を利用して１台づつマザーコンピューターと通信し、日時Aの学習データベースを転送するとともに、マザーコンピューターはそれぞれの日時Aと、さらに日時Bを結合して新たに日時B'を配信することによって、学習データベースを相互補完する。……
	(191)このような連関性を参照し、分析した乖離傾向に基づき、１以上のサプリメントを探索することとなる。この探索されたサプリメントは、飲食店において実際に顧客が飲食した飲食物に基づき、不足している栄養素や過剰な栄養素を分析した診断結果に基づき、当該顧客が摂取すべき最適なサプリメントにあたるものである。……探索部27は、このサプリメント情報を生成した上でこれを制御部24による制御の下、記憶部28へ記憶させると共に、店内通信部26を介して店舗用POSに送信する。
若い健常時からの生体データをセンサーで取得して蓄積しておけば、病気になるまでの過程を解析することで病気になる予兆を見いだせる（図６）。この情報は有益で、将来、「政府や医療機関、保健会社などが有効活用できる」（情報通信総合研究所グローバル研究グループ主任研究員の前川純一氏）。既に多くの大手エレクトロニクスメーカーは、医療・ヘルスケア関連の情報サービスを実現するための研究に力を入れている（表２）。いずれも多様なセンサーに加え、ビッグデータ解析とIoT/IoEの普及を前提としたものといえる。ハード事業の勝者は少数に一方、トリリオンセンサー・ユニバース実現に向けての活動は、製造プラットフォームの標準化を通して、センサデバイスの価格を押し下げる圧力をかける（第３部「標準化で低コストに、印刷での量産基盤を確立へ」）。	
	(56)ベイジアン・ネットワーク256の出力は、確率に基づく分析の優先順位で状況方法252を調節するためにも使用される。……例えば、システムが特定の状態にある場合、異常な状態が検出される場合、または、予定した診断時間が近づいている場合といった、必要とされる場合には、AIマネージャ152は、正常な運転またはMPCからの逸脱を特定するために、システムの少なくとも一部を診断し、センサ106から診断データを収集するように、１つまたは複数の診断エージェント154に命令する。……診断試験結果は、分析のためにベイジアン・ネットワーク276へと供給される。

（注）医療・健康管理サービスに関係する特許公報のTB4,875件の中から、類似性を基準として抽出した。「類似するTB」の先頭の（ ）内の数値は、類似度の順位。

テキストをこれまで進化させてきた基本句を含むようなTBを起点に設定することである。基本句を多様な表現の中から普遍性を持つように作成されているので，それと類似しているTBを発見しやすいと予想されるからである。

　ここでは，時系列データを個人差を考慮しつつ解析することによって，異常の予兆を発見するための手法を得たいという場合を想定し，これまでに作成してきた基本句を参考にすることによって，「精度の高い予測の機能を持つコンピュータシステム。閾値に個人差を設定する手法。予測を病院の診断に利用」というTBを作成し，これと類似性が大きいTBを特許公報の全TB，127,722件の中から類似性が上位2,000位まで抽出した。その結果，476位に身体データだけでなく画像（容姿）データやテキストデータも含めることがシステムの機能を高めることを叙述したTB，1,359位に健康状態の健康状態パラメータを算出するアルゴリズムを持つことの必要性を叙述したTBが抽出された。したがって，基本句「＜画像データ＞を収集」「＜テキストデータ＞を収集」「＜健康状態パラメータ計算アルゴリズム＞の機能」などを得ることができる（step 1）。しかし，これ以上に参考となるTBは得られなかった。

　したがって，求めるTBとの類似性が高くなるように，起点となるテキストを「コンピュータシステム」の代わりに「人工知能システム」と変え，さらに特許公報では「手法」ではなく「方法」という用語を用いることが多いので，「精度の高い予測の機能を持つ人工知能システム。閾値に個人差を設定する方法。予測を病院の診断に利用」に変更した。その結果は，**表2-13**のとおりであった。32位にサプリメント推薦機能，56位に異時点間データ統合の手法，85位と128位に医師を含めた双方向通信機能の必要性，712位に画像やテキストデータを含めるべきこと，1,376位に時系列の平均値・標準偏差計算の機能，1,379位に時系列データから異常を検知するための手法のヒント，1,635位に栄養摂取量の計算機能に関する知識が得られるTBが抽出された。

　これらから，基本句「＜サプリメント推薦＞の機能」「＜栄養摂取必要量計算＞の機能」「＜双方向通信＞の機能」「＜異時点データ統合＞の手法」「＜時系列データの平均値・標準偏差計算＞の機能」「＜医師の診断送信＞の機能」などを作成することができ，異常をあらかじめ検知するために時系列データを解析す

●表2-13●基本句とTBの類似性（Doc2vec）

起点となるテキストブロック	
	類似するテキストブロック（順位）
精度の高い予測の機能を持つコンピュータシステム。閾値に個人差を設定する手法。予測を病院の診断に利用。	
	(476)【0045】送信部170は、生成部160によって生成される身体情報および容姿を、画像情報または文例情報としてユーザ端末300に送信する。なお、送信部170は、画像情報または文例情報を提供データとしてユーザ端末300に送信するとともに、ユーザ端末200にも当該提供データを送信し健康管理対象者が閲覧できるようにする。これによって、健康管理対象者は自分の健康活動の成果や、医師等の専門家による評価、ライバルとの比較などを見ることができ、自身の健康活動の成果を確認できるという効果を奏する。またユーザ端末200に対しては、健康管理サーバ100を介してライバルの健康活動の成果情報を送信することで、健康管理対象者は運動行動のモチベーションを高めることができる。……
	(1359)……外部データソース74は、健康及び不健康な体重／身長範囲と、健康及び不健康なコレステロール値と、患者又は被験者のこれまでの病歴又は健康状態履歴と、健康及び不健康な血圧値と、カロリ及びその他の食物の栄養含有量と、様々な運動のカロリ消費量に対応する情報と、様々な健康状態パラメータを計算するアルゴリズムと、その他と等、健康状態データを格納するメモリ又はディスク或いはその他のこうしたストレージにすることが可能である。一般には、被験者又は患者の健康にとって利益となる可能性がある任意のデータを、外部データソース74に格納することができる。外部データソース74は、外部のウェブサイト、FTPサーバ、又はその他のソースからの健康情報へのオンラインアクセスを含むこともできる。
	(1873)……また会話データや音声データの送受信によって、学習データ17によって算出された数値を確認できれば良いため、会話データや音声データをメールなどで送受信してもよい。さらに、既存のチャットアプリケーションに本発明を組み合わせることで、人工知能エージェント端末2への緊急連絡として利用してもよい。見守り端末4は、家族や介護者に限らず、自治体やコミュニティの管理者が利用する端末でもよい。また、見守り端末4から見守りサーバ3を介して、人工知能エージェント5に会話をさせてもよい。
精度の高い予測の機能を持つ人工知能システム。閾値に個人差を設定する方法。予測を病院の診断に利用。	
	(32) 同じく高血圧の顧客については、高血圧に効き目のあるサプリメントが高い確率を持って選択されるように第2連関性が設定されている。これ以外に、男女別、年齢等、あらゆる属性情報に応じて最適なサプリメントが選択される可能性が高くなるように第2連関性が設定されていてもよい。その結果、男女別、年齢別に合わせた最適なサプリメントを選択することができる。【0090】このように第2連関性が、診断結果に加え、属性情報が含まれていることで、顧客の健康状態や体調、持病等を考慮しつつ、その飲食において摂取した栄養素との関係で最適なサプリメントを探索することが可能となる。……
	(56)【実施例6】【0046】グリッドコンピューター（グリッドコンピューティング環境）を利用した場合には、例えば複数の病院に設置された診断システム（分散コンピューター）から、マザーコンピューターを利用して一元化することで学習データベースを包括的に共有することができる。……日時Aと日時Bの学習データベースがあり、分散コンピューターの診断システムは日時Aと日時Bの学習データベースを結合して読み込むとともに、日時Aについては各分散コンピューターによって収集された新規な学習データベースである場合、各分散コンピューターは空き時間を利用して1台づつマザーコンピューターと通信し、日時Aの学習データベースを転送するとともに、マザーコンピューターはそれぞれの日時Aと、さら

に日時Bを結合して新たに日時B'を配信することによって，学習データベースを相互補完する。……

(85)　……例えば，見守り端末4は，スマートフォンやタブレット，PC，ロボットに限らず，人工知能エージェント端末利用者23と会話できる端末で，人工知能エージェント端末2と見守りサーバ3と通信回線を介してデータの送受信ができるウェアラブルデバイスや携帯電話でもよい。……さらに，既存のチャットアプリケーションに本発明を組み合わせることで，人工知能エージェント端末2への緊急連絡として利用してもよい。見守り端末4は，家族や介護者に限らず，自治体やコミュニティの管理者が利用する端末でもよい。

(128)　例えば，対話の少ない実施形態において，デバイスアプリケーション70は，糖尿病患者の血糖値を測定し，これをサーバアプリケーション62に報告する動作をすることができる。この場合，医師は，単に，測定値を検討し，その値が許容できるかどうかを報告する電子メールを患者に送信する。対話性が高い実施形態においては，患者は，多数のHMD11を，オプションアダプタを介してWWD12に接続することが可能であり，ワイヤレスアプリケーション70は，これに対応して，大量の健康状態データをサーバアプリケーション62に送信する。次に，医師は，サーバアプリケーション62にアクセスし，接続72を介して詳細な治療プランを介護者に送信する。……

(308)　その場合，照会データおよび／またはデータバンクに保存されているデータに，病状関連のファクタおよび／または患者特有のファクタおよび／または環境特有のファクタが考慮されていれば有利である。……以上のほか，データ処理装置によって予後判定される症例について，治療データおよび病状経過データをデータ処理装置に送り込むことにより，データバンクに保存されているデータ，すなわち経験データを現実に即応させていけば有利であることが明らかになった。同様に評価処方の現実即応化も，照会，照会データ，照会内容評価時に利用されるデータバンク内保存データ，評価結果および実際に起きた結果が考慮される反復的学習過程で行われるように設定されている。……

(712)　【0058】受付部170は，専門家および健康管理サーバ100に送信すべきものとして，生成した身体情報，容姿としての画像および文例を受け付ける（ステップS19）。【0059】送信部170は，送信すべきものとして，将来予測される健康管理対象者の身体情報容姿としての画像および文例をユーザ端末200およびユーザ端末300に送信する（ステップS20）。送信部170からユーザ端末300に画像情報，文例情報などが送信された場合，専門家は，当該文例にアドバイスメッセージや警告を補足して，健康管理サーバ100を経由してユーザ端末200に送信するように構成してもよい。以上が，人工知能部150を備える健康管理サーバ100の動作の一例についての説明である。【0060】図5は，ユーザ端末200に表示される将来予測される健康管理対象者の身体情報および容姿の一例を示す概念図である。

(795)　例えば，対話の少ない実施形態において，デバイスアプリケーション70は，糖尿病患者の血糖値を測定し，これをサーバアプリケーション62に報告する動作をすることができる。この場合，医師は，単に，測定値を検討し，その値が許容できるかどうかを報告する電子メールを患者に送信する。対話性が高い実施形態においては，患者は，多数のHMD11を，オプションアダプタを介してWWD12に接続することが可能であり，ワイヤレスアプリケーション70は，これに対応して，大量の健康状態データをサーバアプリケーション62に送信する。次に，医師は，サーバアプリケーション62にアクセスし，接続72を介して詳細な治療プランを介護者に送信する。受領データは，アルゴリズム63，外部データソース74，及びAIシステム76を使用して分析することができる。

(1376)　図10bの例では，データタイプがPMU__A（Voltage）の場合，例えば閾値αは1，閾値βは2とされ，データタイプがPMU__A（Frequency）の場合，例えば閾値αは1. 2，閾値βは1とされている。閾値αと閾値βの使用方法は，処理ステップS403や処理ステップS406で後述する。【0056】図10aに戻り，処理ステップS402では，時系列情報D1について，解析時間枠内の平均値と標準偏差を計算する。例えば解析時間枠が300である場合

	に，この期間内に得られた複数の時系列情報D1の平均値と標準偏差を計算する。解析時間枠として150が指定された場合にも，この期間内に得られた複数の時系列情報D1の平均値と標準偏差を計算する。
	(1379) そこで，処理ステップS2やS3で時系列情報に異常が見られる可能性が高いところを効果的に抽出することで，演算時間や演算負荷を軽減可能である。また，αとβを調整することで，検出精度を調整可能である。例えば，αとβを高く設定することでシステムノイズを軽減することができる。【0066】次に図11bを用いて処理ステップ4の出力を説明する。図11bの異常検出結果とは，処理ステップS407と処理ステップS408で出力された異常検出信号と正常信号のことである。
	(1635) 【0053】探索部26は，これら参照した栄養素データに基づいて，摂取した栄養素の総合計値を算出した場合，栄養素の成分の項目毎に総合計値が集計されることとなる。それが，顧客が購入した品物の栄養素の総合計の摂取量（以下，集計量という。）となる。【0054】次に分析部24は，栄養素の摂取量の理想値を取得する。この栄養素の摂取量の理想値は，一人あたりが摂取する理想的な栄養素の摂取量であり，年齢別，男女別等に類型化されて記憶部25に予め記憶される。

（注） 特許公報の全TB127,722件の中から，類似性を基準として抽出した。「類似するTB」の先頭の
　　　（　）内の数値は，類似度の順位。

るためのヒントとなる知識を得ることができる（step 2）。

このように，起点となるテキストを工夫して作成することによって，求める知識が叙述されているTBの類似度が上位に抽出できるようになり，発見を容易にすることができる。このような作業を繰り返すことによって，ピンポイントで必要な箇所を発見し，それらを結びつけることによって，知識の精度を高めることができるであろう。

第8節　まとめ

本章の目的は，最新の知識が含まれており，したがって語の出現頻度も小さく背景知識も少ない技術文書から，知識を獲得するためのピンポイントフォーカス型テキストマイニング手法を提示することであった。そのために，医療・介護・健康管理サービスに必要な機能や技術を探索することを目指している企業を仮想的に想定し，①どのようなデータを収集するか，②どのような端末機器で計測するか，③その機器やシステムはどのような機能を有することが求められるか，④その機能を実現するために必要な技術は何か，等々の知識を獲得するための手法を論じた。

本章で提起された手法は以下である。まず膨大なテキストデータの中から必要な箇所にピンポイントでたどり着くための前処理作業として，N-gramモデルに習って全テキストを5文単位のTBに分割する。次に，このテキストを利用して精度の高い共起関係を抽出し全体動向を鳥瞰することによって，フォーカスすべきトピックを発見する。そして，このトピックに関する知識の精度を高めるために，基本句を作成し，さらにそれを進化させる。例えば，「< >を計測」の中に「< >を測定」「< >の計測」などの同義の句を吸収・統一するとともに，< >内に入るべき語として<若い時のデータ><健常時のデータ><個人差>のような語を発見して，基本句を進化させる。

　さらに，遠く離れた異なる場所に叙述されている断片的な知識を統合するために，クラスター分析や深層学習を利用して，文脈の類似性を発見してTBを結びつける。現在の深層学習技術が自然言語の文脈を正しく理解するにはほど遠いので，分析者による意味解釈作業の介入が不可欠であるが，今後この技術が進歩し文脈の理解が正確になれば，ピンポイントフォーカス型テキストマイニングのための極めて重要なツールになるであろう。

　このような作業を繰り返すことによって，基本句を構成する語の集合は豊富さと精確さが増し，背景知識が不足していても理解が可能な知識が得られると期待される。

【参考文献】

Kraft, D. (2019) Connected and high-tech: your medical future, *National Geographic*, January 2019, pp.27-39.

21世紀医療フォーラム編（2014）『医療ビックバンがもたらす社会変革』日経BP社, pp.1-162.

網谷重紀・堀浩一（2005）「知識創造過程を支援するための方法とシステムの研究」『情報処理学会論文誌』46(1), pp.89-102.

池尾恭一・井上哲浩（2008）『戦略的データマイニング』日経BP社, 1-254.

大津良司（2014）「医療ロボット開発を先導するイノベーション・インテグレーターを助けるテキストマイニング」（菰田文男, 那須川哲哉編『技術戦略としてのテキストマイニング』中央経済社）, pp.163-192.

喜田昌樹（2008）『テキストマイニング入門』白桃書房, pp.1-242.

君山由良（2005）『コレスポンデンス分析の利用法』データ分析研究所, pp.1-296.

小林のぞみ・乾健太郎・松本裕治・立石健二・福島俊一（2003）「テキストマイニングによる評価表現の収集」『情報処理学会研究報告』23（2002-NL-154）, pp.77-84.

菰田文男（2011）「「単語セット」の作成と進化に基づくテキストマイニング手法」『情報管理』54(9), pp.568-578.
菰田文男（2014）「電気自動車の知識共有・共有システムに基づく特許公報のテキストマイニング」（菰田文男・那須川哲哉編『技術戦略としてのテキストマイニング』中央経済社），pp.113-148.
菰田文男（2017）「テキストマイニングに基づく日本企業国際化の研究」『政策科学学会年報』7, pp.13-29.
菰田文男・中山厚穂（2017）「ピンポイントフォーカス型テキストマイニング手法の研究」『電子情報通信学会技術研究報告』NLC2017-13, 117 (207), pp.1-6.
総務省（2016）『情報通信白書（2016年版）』, pp.1-418.
豊田裕貴・菰田文男編（2011）『特許情報のテキストマイニング』ミネルヴァ書房, pp.1-274.
林倬史・菰田文男・中山厚穂（2016）「テキストデータの分析によるBOPビジネス動向の研究」『経営研究所紀要』46, pp.1-50.
西山莉紗・竹内広宜・渡辺日出雄・那須川哲哉・前田潤治・倉持俊之・林口英治（2007）「未来技術動向予測のための技術文書マイニング」『The 21st Annual Conference of the Japanese Society for Artificial Intelligence, 2007』pp.1-4.
西山莉紗・竹内広宜・渡辺日出雄・那須川哲哉・武田浩一（2008）「技術文書マイニングのための特長表現抽出」『The 21st Annual Conference of the Japanese Society for Artificial Intelligence, 2008』pp.1-4.
西山莉紗（2014）「特徴表現に基づいた特許情報のテキストマイニング」（菰田文男・那須川哲哉編『技術戦略としてのテキストマイニング』中央経済社），pp.149-161.
日本経済新聞社（2015）「ゲノム研究は"人工知能"にお任せ」『日経メディカル』2015年9月号, pp.8-12.
前田俊輔（2017）『遠隔医療が高齢者医療を救う』PHP研究所, pp.1-207.
美馬秀樹（2006）「自然言語処理における単位の設定」『言語』35(10), pp.56-64.
宮澤永光・亀井昭宏（2003）『マーケティング辞典』同文舘, pp.1-346.
森田哲夫・入澤覚・長塩彩夏・野村和広・塚田伸也・大塚裕子・杉田浩（2012）「自由記述データを用いたテキストマイニングによる都市のイメージ分析」『都市計画学研究・論文集』29, I_315-I_323.
山本真照・菰田文男（2011）「知識共有システムを利用したテキストマイニング手法」『電子情報通信学会技術研究報告』NLC2011-11, 111 (119), pp.55-60.

第3章

深層学習による日本の水資源行政の国際分野の動向分析

第1節 はじめに

　水資源行政の分野で「国際」という概念あるいは単語は，さまざまな意味や文脈で使われており，厳密な定義がされているわけではない。しかし，業務の対象として国際分野を取り扱う場合，「国際」の定義をすることが求められる。また，定義することが困難であっても，どのような意味あるいは文脈で使われているかが明らかになれば，日本の水資源行政の国際化の流れが，どのような国際協力あるいは建設業界支援につながっているかを考えるうえで有用な情報となる。「国際」という概念あるいは単語が，どのような意味あるいは文脈で使われているかを明らかにするには，テキストマイニングを使って分析することが適しているであろう。

　こうしたことから，本章では，日本の水資源行政の国際化の流れがどのような国際協力あるいは建設業界支援につながっていったのかについて，戦略的取り組みの実態をテキストマイニングにより分析し，明らかにすることを目的とする。この目的を達成するために，2つの仮説を設定する。第1の仮説は，「水資源白書を分析対象テキストとした場合，特定単語「国際」の類義語群の時系列変化は，水資源行政の国際化の流れを表している」ということである。そして，第2の仮説は，「水資源白書の国際関連の章を分析対象テキストとし

た場合，特定単語「協力」の類義語群の時系列変化は，国際協力あるいは建設業界支援に関することを表している」ということである。

これまで，テキストマイニングによる時系列分析は，例えば福原（2006），杉浦（2010）により，Weblogや新聞記事を分析対象テキストとして，各分析対象テキストに現れる単語の関係を時系列分析する研究が行われてきた。しかし，対象分野を絞り込んだテキストから深層学習により特定単語の類義語を複数抽出し，複数の類義語を時系列分析するという研究は行われていない。

そこで，本章では，第1の仮説の妥当性を確認していくために，単語の意味をベクトル表現化するWord2vecを使って，分析対象テキストから「国際」の類義語を複数抽出し，複数の類義語を時系列分析する。そして，第2の仮説の妥当性の確認については，水資源白書の国際関連の章を分析対象テキストとして，第1の仮説の妥当性を確認する手法と同じ手法により分析する。

Word2vecは，A. Mnih and K. Kavukcuoglu（2013）やT. Mikolov et al（2013）が提案しているとおり，最も簡単なニューラル言語モデルの1つである。ニューラル言語モデルは，坪井ら（2017, pp. 64-65）が解説するように，学習のための計算量が多く，語彙が増えると現実的な計算時間と計算機のメモリ量で計算することが困難である。Word2vecは，こうした問題を解決し，パーソナルコンピュータを使って現実的な計算時間と計算機のメモリ量で計算できる長所がある。しかし，Word2vecを使うには，パラメータの設定が計算結果に与える影響が大きいため，適切なパラメータの設定は不可欠である。そこで，本章では，Word2vecを使って分析を始める前に，適切なパラメータの値について調べておく。

本章の構成は次のとおりである。まず第2節では，Word2vecを利用して対象テキスト内の類義語を抽出するためのパラメータの選定について論及する。次に第3節では，第1の仮説を確認するために，「水資源白書」に深層学習ツールを適用して水資源行政の国際分野の動向を時系列分析する。水資源白書，水資源行政の国際分野のトピックスの変遷について分析する。そして第4節では，第2の仮説を確認するために，「水資源白書」のうち国際分野に限定したテキストを分析対象として毎年出現する特定単語「協力」の意味の変遷を分析

する。

　なお，テキストマイニングという言葉は，石田（2008, p.1），石田・金編著（2012, pp.1-2）なども定義しているが，ここでは那須川（2006, p.1）が定義する「単なる検索や分類整理とは異なり，複数の文書データの内容を総合的にとらえることで初めて得られる知見を抽出するための内容分析の技術」ということにする。

第2節　Word2vecを利用して関連キーワードを抽出するためのパラメータの選定

2-1　背景と目的

　Word2vecを使って特定単語の類義語を抽出する際に，各種パラメータをどのように設定するかは悩ましい。目的に応じてパラメータの適切な値が異なるため，パラメータをいくつに設定するかについての研究は重要であろう。

　そこで，本節では，Word2vecを使って特定単語の類義語を効率よく抽出するために，Word2vecの重要なパラメータであるsizeとwindowをいくつに設定することが適切であるかという問いを設定し，回答する。

2-2　分析方法

分析環境と分析手順は以下のとおりである。

　【分析環境】
　① OS：Windows10-64bit
　② 使用言語：Python3.6.6
　③ 使用ライブラリ：gensim-Word2vec
　④ Word2vecのアルゴリズム：skip-gram
　⑤ 形態素分割（分かち書き）：Word Miner1.1（日本電子計算機株式会社）
　⑥ 度数分布図作成：Excel2019（マイクロソフト社），Excel2007（マイクロソフト社）&エクセル統計2010（株式会社社会情報サービス）

⑦　分析対象テキスト：『日本の水資源（水資源白書）』国土交通省編（2006年～2014年）全文および『水資源施策（水循環白書）』内閣官房編（2015年～2017年）全文

【分析手順】

① 　分析対象テキスト（12年間分）について形態素分割（分かち書き）をする。

② 　Word2vecのパラメータであるsizeとwindowについて、56通り、分かち書きしたテキストの特定単語「国際」の「類義語」および「類義語の類似度」を算出する。sizeとwindowの56通りの組み合せは、以下のとおりである。

　　　　size：50，100，150，200，250，350，500（計7種類）
　　　　window数：2，4，8，16，32，64，128，256（計8種類）

③ 　算出された「類義語の類似度」が0.6以上の類義語出現数を算出し、類義語出現数の多いwindowを選定する。

2-3　分析結果

特定単語「国際」の類似度0.6以上の類義語出現数について、sizeとwindowの56通りの組み合せの中から最も優位な組み合せと類義語出現数は、図3－1が示すとおり、size=100，window=8，類義語出現数=125であった。また、類義語出現数=125は、全体の単語数のうち1.6%を占めていた（図3－2参照）。

なお、size=50，window=8の場合、類義語出現数=462であり、類義語出現数は最多であったが、出現する類義語が特定単語「国際」に対して整合していない語が多いため、優位な組み合せではないと判断した。

2-4　考察および結論

本節では、Word2vecを使って特定単語の類義語を抽出する際に、重要なパラメータであるsizeとwindowをいくつ設定することが適切であるかという問いに答えるために、sizeとwindowの組み合せごとの特徴を分析してきた。

今回の分析対象テキストでは、sizeが小さいほど類義語の数が多く出現する

第3章 深層学習による日本の水資源行政の国際分野の動向分析　95

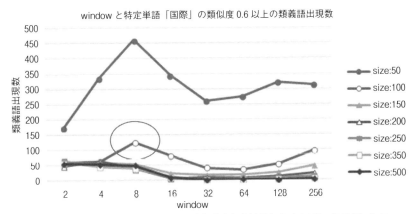

分析対象テキスト：水資源白書（2006年〜2014年）全文と水循環白書（2015年〜2017年）全文。
（出所）　筆者作成。

●図3－1● windowと特定単語「国際」の類似度0.6以上の類義語出現数の関係図

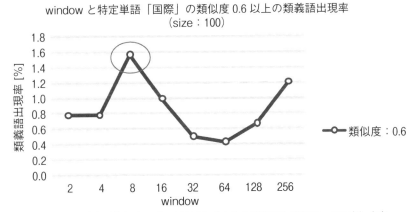

分析対象テキスト：水資源白書（2006年〜2014年）全文と水循環白書（2015年〜2017年）全文。
（出所）　筆者作成。

●図3－2● windowと特定単語「国際」の類似度0.6以上の類義語出現率の関係図

ことが確認された。sizeは，単語ベクトルの次元数であるため，次元数が低い
ほど単語の特徴を粗く表現することになるため，類似と判断する語が多くなる
からであろう。今回の分析対象テキストでは，size=100からsize=500では大き

な違いはないが，size=100の場合に，類似度0.6以上の類義語出現数が最も多かったことから，size=100とすることが，他のsizeと比較して優位だろう。

次に，windowについては，size=150からsize=500において，類似度0.6以上の場合，windowの増加にともない類義語出現数が減少する傾向にあった。window=2からwindow=8まで，ゆるやかに出現単語数が減少していることが確認された。windowは，学習に使う前後の単語数であるため，windowが小さすぎると特定単語の直近しかみることができず，windowが多すぎると周辺単語ではなくテキスト全体を学習する可能性が高くなる。そのためwindow=2あるいはwindow=4は，類義語出現数が多くても他のwindowと比較して優位性を期待できない。そのため，今回の分析対象テキストでは，window=8程度が，他のwindowと比較して優位であろう。以上の考察は簡易ではあるが，今回の分析対象テキストをWord2vecで分析する際のsizeとwindowの選定根拠となるといえよう。

2-5 分析対象テキストの基本統計量

ここで，分析対象テキストの基本統計量をみておこう。まず，表3-1と表3-2に，分析対象テキストの基本統計量と特定単語「国際」の類義語の度数分布表を示す。次に，図3-3に特定単語「国際」の類義語の類似度別出現分

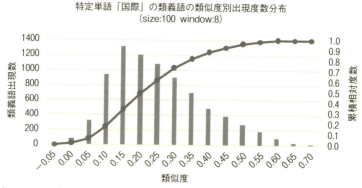

分析対象テキスト：水資源白書（2004年～2014年）全文，水循環白書（2015年～2017年）全文。
（出所）　筆者作成。

●図3-3●特定単語「国際」の類義語の類似度別出現分布図

布図を示す。そして，表 3-3 に，特定単語「国際」の類似度0.6以上の類義語一覧を示す。

●表 3-1● 分析対象テキストの基本統計量

変　数	
n	7983
平　均	0.276
不偏分散	0.018
標準偏差	0.133
最小値	-0.067
最大値	0.729
変動係数	0.481

分析対象テキスト：水資源白書（2006年～2014年）全文と水循環白書（2015年～2017年）全文。
(出所) 筆者作成。

●表 3-2● 特定単語「国際」の類義語の類似度別出現度数分布

類似度の階級下限値	実測度数	相対度数	累積相対度数
-0.10	3	0.0004	0.0004
-0.05	12	0.0015	0.0019
0.00	80	0.0100	0.0119
0.05	329	0.0412	0.0531
0.10	938	0.1175	0.1706
0.15	1,307	0.1637	0.3343
0.20	1,199	0.1502	0.4845
0.25	1,074	0.1345	0.6191
0.30	897	0.1124	0.7314
0.35	695	0.0871	0.8185
0.40	485	0.0608	0.8792
0.45	381	0.0477	0.9270
0.50	278	0.0348	0.9618
0.55	180	0.0225	0.9843
0.60	91	0.0114	0.9957
0.65	30	0.0038	0.9995
0.70	4	0.0005	1.0000

分析対象テキスト：水資源白書（2006年～2014年）全文と水循環白書（2015年～2017年）全文。
(出所) 筆者作成。

●表3－3●特定単語「国際」の類似度0.6以上の出現類義語一覧（補正なし）

順	類義語	類似度	順	類義語	類似度	順	類義語	類似度
1	衛生年	0.72916	43	NGO	0.64379	85	WG	0.61434
2	二国間	0.70859	44	会談	0.64326	86	勧告	0.61390
3	呼びかける	0.70446	45	優位	0.64049	87	閣僚級	0.61372
4	提案	0.70285	46	主導	0.63760	88	保証	0.61339
5	博覧会	0.69360	47	アジア水	0.63734	89	署名	0.61239
6	標準化	0.69306	48	獲得	0.63722	90	取る	0.61234
7	ハイレベル	0.68719	49	APWF	0.63691	91	日南	0.61164
8	呼びかけて	0.68543	50	本会議	0.63520	92	採択	0.61090
9	リード	0.68412	51	トップドナー	0.63516	93	世界水	0.61050
10	国連	0.68345	52	活発化	0.63512	94	実務者	0.61043
11	サラゴサ	0.68208	53	APWS	0.63512	95	各国	0.60948
12	IHP	0.68097	54	産学官	0.63386	96	位置づけ	0.60943
13	ナレッジハブ	0.67968	55	研究者	0.63336	97	声	0.60924
14	プレゼンス	0.67939	56	自主的	0.63326	98	サニテーション	0.60829
15	規格	0.67840	57	グローバル	0.63271	99	拠点	0.60711
16	水文学	0.67489	58	呼びかけた	0.63233	100	機関	0.60679
17	決議案	0.67311	59	Action	0.62896	101	宣	0.60643
18	フォローアップ	0.67203	60	TICADⅣ	0.62839	102	革新	0.60631
19	貢献	0.66735	61	極度	0.62789	103	ミット	0.60573
20	主導的	0.66564	62	横浜	0.62733	104	ヨハネスブルグ	0.60571
21	内外	0.66121	63	国連水	0.62704	105	強み	0.60526
22	競争力	0.65993	64	WEPA	0.62613	106	インフラシステム	0.60480
23	最終日	0.65958	65	承認	0.62611	107	援助	0.60458
24	加盟	0.65922	66	一員	0.62539	108	1990年代	0.60422
25	ビジネス	0.65838	67	水行動集	0.62265	109	輸出	0.60397
26	集まり	0.65822	68	命	0.62211	110	優先度	0.60389
27	ジア	0.65801	69	総会	0.62194	111	ミレニアム	0.60350
28	タジキスタン	0.65723	70	マルデルプラタ	0.62174	112	TC282	0.60287
29	ユネスコ	0.65383	71	AWaP	0.62118	113	関す	0.60278
30	首脳級	0.65274	72	加盟国	0.62096	114	ODA	0.60274
31	8つ	0.65260	73	促す	0.62014	115	加速化	0.60254
32	拠出	0.65250	74	スタンダード	0.61985	116	政府	0.60253
33	ウォーター	0.65126	75	得た	0.61860	117	盛り込まれた	0.60239
34	援助国	0.65022	76	国内外	0.61783	118	国別	0.60217
35	興国	0.64958	77	総長	0.61737	119	理事会	0.60211
36	架け橋	0.64908	78	挑戦	0.61732	120	パートナー	0.60088
37	サラゴサ市	0.64869	79	パートナーシップ	0.61715	121	決議	0.60082
38	協力年	0.64866	80	向ける	0.61656	122	フォーラム	0.60080
39	1977年	0.64849	81	国際水	0.61651	123	べく	0.60050
40	参画	0.64529	82	メッセージ	0.61619	124	議論	0.60026
41	イニシアティブ	0.64510	83	学術	0.61551	125	解決	0.60001
42	ガバナンス	0.64470	84	国際的	0.61550			

分析対象テキスト：水資源白書（2006年～2014年）全文と水循環白書（2015年～2017年）全文。
（出所）筆者作成。

第3節 深層学習ツールを適用した水資源行政の国際分野の動向を時系列分析

3-1 背景と目的

　第2節では，Word2vecを使って特定単語「国際」の類義語を効率よく抽出するために，Word2vecの重要なパラメータであるsizeとwindowの適切な値を調べた。

　本節では，この結果を用いて，第1の仮説である「水資源白書を分析対象テキストとした場合，特定単語「国際」の類義語群の時系列変化は，水資源行政の国際化の流れを表している」ということを確認していく。

3-2 分析方法

　本節では，分析対象テキストとして，『水資源白書』（2006年～2014年）および『水循環白書』（2015年～2017年）の各全文をテキストとして選定する。その理由は，『水資源白書』および『水循環白書』は，水資源分野の行政関係の調査をもとに，水資源に関する課題等を総合的に取りまとめたものであり，水資源行政に関する基礎資料となっているからである。また，水資源行政の全分野を対象として，水資源および水循環の現状と課題，施策の取組状況を幅広く記述しているので，各年の動向を知るのにも適しているからである。分析環境と分析手順は以下のとおりである。

　【分析環境】
　① OS：Windows10-64bit
　② 使用言語：Python3.6.6
　③ 使用ライブラリ：gensim-Word2vec
　④ Word2vecのアルゴリズム：skip-gram
　⑤ 形態素分割（分かち書き）：Word Miner1.1（日本電子計算機株式会社）
　⑥ 度数分布図作成：Excel2019（マイクロソフト社），Excel2007（マイク

ロソフト社）＆エクセル統計2010（株式会社社会情報サービス）
⑦ 分析対象テキスト：第1期として水資源白書（2006年～2008年）全文，第2期として水資源白書（2009年～2011年）全文，第3期として水資源白書（2012年～2014年）全文，そして第4期として水循環白書（2015年～2017年）全文（**表3-4参照**）

【分析手順】
① 分析対象テキスト（4期12年間分）について形態素分割（分かち書き）をする。
② Word2vecのパラメータであるsizeとwindowについては，size＝100，window＝8に設定する。
③ Word2vecを使って，類義語および類義語の類似度を計算し，各期上位30語計120語を抽出する（**表3-5参照**）。
④ 抽出した120語から数字など特徴のない単語や重複する単語を除去し，45語を選定する。横欄に45語，縦欄に各期の計算された類義語の類似度を記入し表を作成する（**表3-6参照**）。作成した表のデータについてコレスポンデンス分析を行う（**図3-4参照**）。

●表3-4●分析対象テキスト一覧（「水資源白書」および「水循環白書」の全文）

期	年	分析対象テキスト	
第1期	2006	平成18年版日本の水資源（水資源白書），国土交通省編	全文
	2007	平成19年版日本の水資源（水資源白書），国土交通省編	全文
	2008	平成20年版日本の水資源（水資源白書），国土交通省編	全文
第2期	2009	平成21年版日本の水資源（水資源白書），国土交通省編	全文
	2010	平成22年版日本の水資源（水資源白書），国土交通省編	全文
	2011	平成23年版日本の水資源（水資源白書），国土交通省編	全文
第3期	2012	平成24年版日本の水資源（水資源白書），国土交通省編	全文
	2013	平成25年版日本の水資源（水資源白書），国土交通省編	全文
	2014	平成26年版日本の水資源（水資源白書），国土交通省編	全文
第4期	2015	平成27年度水資源施策（水循環白書），内閣官房編	全文
	2016	平成28年度水資源施策（水循環白書），内閣官房編	全文
	2017	平成29年度水資源施策（水循環白書），内閣官房編	全文

（出所）筆者作成。

●表3－5●各期の特定単語「国際」の類義語上位30語および類義語の類似度一覧（補正なし）

順	第1期 (2006年～2008年) 類義語	類似度	第2期 (2009年～2011年) 類義語	類似度	第3期 (2012年～2014年) 類義語	類似度	第4期 (2015年～2017年) 類義語	類似度
1	首脳級	0.89087	フォローアップ	0.92812	貢献	0.84279	協力	0.87292
2	ハイレベル	0.88501	衛生年	0.91887	提案	0.84163	援助	0.82235
3	呼びかける	0.87757	博覧会	0.89267	プレゼンス	0.83918	各国	0.82001
4	衛生年	0.87679	本会議	0.88765	主導	0.83427	専門	0.81883
5	政府	0.87305	採択	0.88502	解決	0.83030	パートナーシップ	0.81700
6	援助	0.86984	フォーラム	0.88206	標準化	0.82923	銀行	0.81431
7	協力	0.86848	宣言	0.88160	二国間	0.82700	アジア	0.80870
8	議論	0.86437	首脳	0.88102	リード	0.82693	ワークショップ	0.80715
9	閣僚級	0.86326	取り	0.88000	獲得	0.82481	国連	0.79691
10	諮問	0.86317	提案	0.87696	フォローアップ	0.81980	参画	0.79585
11	鍵	0.85601	総会	0.87427	国際的	0.81866	科学	0.79514
12	提案	0.85355	各国	0.87071	拠点	0.81787	主導	0.79274
13	委員	0.85270	世界水	0.86844	SDGs	0.81612	規格	0.79264
14	テーマ	0.85088	向け	0.86819	衛生年	0.81537	研修員	0.79190
15	水行動集	0.85030	委員会	0.86633	強化	0.80819	イニシアティブ	0.79062
16	NGO	0.85001	引き続き	0.86605	2015年	0.80647	国際的	0.78285
17	題	0.84884	開催	0.86559	首脳級	0.80310	研修	0.77959
18	Action	0.84878	決議	0.86485	決議	0.79711	議論	0.77852
19	水文学	0.84651	国連	0.86366	水行動集	0.79702	標準化	0.77788
20	ガバナンス	0.84612	まとめた	0.86342	強み	0.79511	JICA	0.77101
21	IHP	0.84607	第5回	0.86220	取り組み	0.79413	センター	0.76968
22	閣僚	0.84387	昨年	0.86142	参画	0.79253	産学官	0.76873
23	提唱	0.84374	水文学	0.86002	主催	0.79156	ビジネス	0.76840
24	宣言	0.83931	サラゴサ	0.85917	本会議	0.79045	人材	0.76284
25	世界中	0.83838	諮問	0.85705	1977年	0.78847	海外	0.76255
26	アクションプラン	0.83704	IHP	0.85505	各国	0.78802	受入	0.75837
27	学術	0.83687	議論	0.85372	議論	0.78735	公財	0.75815
28	機関	0.83293	今回	0.85302	水災害	0.78664	第7章	0.75572
29	取りまとめ	0.83096	総長	0.85285	ヨハネスブルグ	0.78583	会合	0.75465
30	橋本	0.83092	行動	0.84862	IHP	0.78381	大学	0.75363

（出所）筆者作成。

●表 3 − 6 ●特定単語「国際」の類義語45語の類似度の経年変化

番号	1	2	3	4	5
類義語	Action	IHP	JICA	NGO	SDGs
第 1 期（2006年～2008年）	0.84878	0.84607		0.85001	
第 2 期（2009年～2011年）		0.85505		0.80051	
第 3 期（2012年～2014年）		0.78381	0.57250	0.72538	0.81612
第 4 期（2015年～2017年）			0.77101		0.69642

番号	6	7	8	9	10
類義語	アクションプラン	アジア	イニシアティブ	ガバナンス	センター
第 1 期（2006年～2008年）	0.83704	0.62408	0.78387	0.84612	0.16347
第 2 期（2009年～2011年）		0.67929	0.80049		0.28654
第 3 期（2012年～2014年）		0.62906	0.71307	0.77081	0.32644
第 4 期（2015年～2017年）		0.80870	0.79062	0.68510	0.76968

番号	11	12	13	14	15
類義語	パートナーシップ	ハイレベル	ビジネス	フォーラム	フォローアップ
第 1 期（2006年～2008年）	0.79489	0.88501		0.82612	0.81371
第 2 期（2009年～2011年）	0.77176	0.84427	0.83744	0.88206	0.92812
第 3 期（2012年～2014年）	0.72044	0.78322	0.76779	0.72146	0.81980
第 4 期（2015年～2017年）	0.81700		0.76840	0.74337	0.47962

番号	16	17	18	19	20
類義語	プレゼンス	ワークショップ	衛生年	援助	科学
第 1 期（2006年～2008年）		0.71447	0.87679	0.86984	0.75860
第 2 期（2009年～2011年）		0.78663	0.91887	0.70676	0.67791
第 3 期（2012年～2014年）	0.83918	0.54574	0.81537	0.76161	0.71438
第 4 期（2015年～2017年）		0.80715		0.82235	0.79514

番号	21	22	23	24	25
類義語	学術	機関	規格	議論	拠点
第 1 期（2006年～2008年）	0.83687	0.83293		0.86437	0.64728
第 2 期（2009年～2011年）	0.82268	0.81973		0.85372	0.77450
第 3 期（2012年～2014年）	0.68927	0.66734	0.74143	0.78735	0.81787
第 4 期（2015年～2017年）		0.72629	0.79264	0.77852	

番号	26	27	28	29	30
類義語	協力	強み	強化	銀行	研修
第 1 期（2006年～2008年）	0.86848		0.62248	0.57253	0.49528
第 2 期（2009年～2011年）	0.75499		0.66375	0.58405	0.47279
第 3 期（2012年～2014年）	0.67905	0.79511	0.80819	0.58779	0.48525
第 4 期（2015年～2017年）	0.87292		0.48519	0.81431	0.77959

番号	31	32	33	34	35
類義語	公財	行動	貢献	国際的	国連
第 1 期（2006年～2008年）		0.79865	0.80777	0.74111	0.78643
第 2 期（2009年～2011年）		0.84862	0.76734	0.80866	0.86366
第 3 期（2012年～2014年）		0.65962	0.84279	0.81866	0.76210
第 4 期（2015年～2017年）	0.75815	0.51881	0.55691	0.78285	0.79691

番号	36	37	38	39	40
類義語	参画	産学官	人材	水行動	水災害
第 1 期（2006年～2008年）	0.67456		0.76849	0.83029	0.80483
第 2 期（2009年～2011年）			0.64406		
第 3 期（2012年～2014年）	0.79253	0.73811	0.61538	0.76540	0.78664
第 4 期（2015年～2017年）	0.79585	0.76873	0.76284		0.62881

番号	41	42	43	44	45
類義語	水文学	大学	提案	博覧会	標準化
第 1 期（2006年～2008年）	0.84651	0.47424	0.85355	0.79779	
第 2 期（2009年～2011年）	0.86002	0.44560	0.87696	0.89267	0.75580
第 3 期（2012年～2014年）	0.77766	0.53623	0.84163		0.82923
第 4 期（2015年～2017年）		0.75363	0.70009		0.77788

（出所）筆者作成。

第 3 章　深層学習による日本の水資源行政の国際分野の動向分析　　103

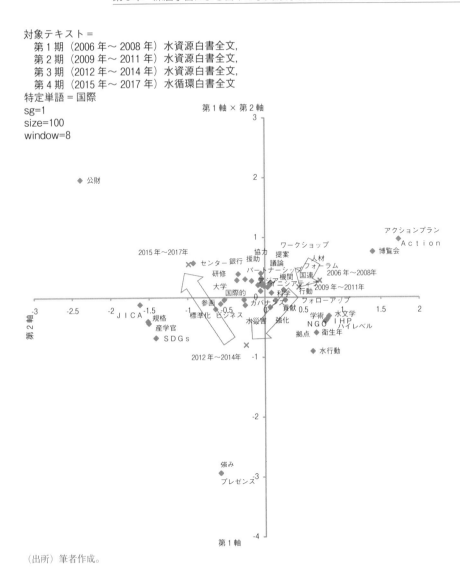

(出所) 筆者作成。

●図 3 － 4 ●特定単語「国際」の類義語45語と各期の関係
（コレスポンデンス分析結果）

3-3 分析結果，考察および結論

第1期（2006年～2008年）から第4期（2015年～2017年）まで各期の特定単語「国際」の類義語上位30語（表3-5）をみていこう。

【第1期（2006年～2008年）の特徴】「首脳級」，「ハイレベル」，「呼びかける」といった会議開催を表す語が表れている。学術分野においては，「水文学」，「IHP（InternationalHydrological Programme）」といった語が表れている。この時期は，会議開催では政府合意および世論形成を図っていた時期であろう。また，学術分野においては，「水文学」や「IHP」に力を入れていると推測できる。

【第2期（2009年～2011年）の特徴】「フォローアップ」，「本会議」，「採択」，「フォーラム」といった会議の結果の実行を表す語が表れている。学術分野においては，第1期に引き続き，「水文学」，「IHP」といった語が表れている。この時期は，会議の結果を実行に移すための準備をしていた時期であろう。また，学術分野においても，具体的に「水文学」や「IHP」をどのように扱っていくかについては，積極的に公開していないと推測できる。

【第3期（2012年～2014年）の特徴】「貢献」，「SDGs」，「プレゼンス」，「主導」といった，主体となって実行する姿勢を表す語が表れている。学術分野においては，「水災害」という語が上位に表れてきた。この時期は，合意された会議の結果を実行するにあたり主導的立場で取り組み始めた時期であろう。また，学術分野においては，水災害対策を大きな取り組みテーマに据えていると推測できる。

【第4期（2015年～2017年）の特徴】「協力」，「援助」，「パートナーシップ」といった，主体となりながらも連携する姿勢を表す語が表れている。一方で，「ビジネス」といった建設業界の進出・支援を感じさせる語も現れている。学術分野においては，「センター」「産学官」「大学」といった語が表れてきた。この時期は，合意された会議の結果を実行するにあたり主導的立場で取り組むが，関係機関と連携しながら取り組んでいることも周知した時期であろう。一方で，単に国際的な取り組みを行うのではなく，建設分野のビジネスと結びつ

けることを前面に出し始めた時期であろう。また，学術分野においては，センター機能の充実，大学が持つ知の活用を積極的に推進し始めたと推測できる。

第1期（2006年～2008年）から第4期（2015年～2017年）まで，各期の特定単語「国際」の類義語上位30語（表3-5）からは，以上のことが推測できる。しかし，表3-5からは時系列変化を把握することは難しい。

次に，時系列変化を把握するために，第1期（2006年～2008年）から第4期（2015年～2017年）まで，各期の特定単語「国際」の類義語上位30語から，「題」「今回」「第7章」など特徴のない語を除いた45語の経年変化（表3-6）をみていこう。

継続増加，継続減少，途中出現（以後消失なし）および途中消失（以後出現なし）という特徴を持つ類義語は，以下のとおりである。

> 第1期（2006年～2008年）から第4期（2015年～2017年）に向けて，類似度が増加傾向にある類義語：センター。
>
> 第1期（2006年～2008年）から第4期（2015年～2017年）に向けて，類似度が減少傾向にある類義語：議論。
>
> 第2期（2009年～2011年），第3期（2012年～2014年）および第4期（2015年～2017年）から登場する類義語
> 　第2期から登場する類義語：ビジネス。
> 　第3期から登場する類義語：JICA，SDGs，規格，産学官。
> 　第4期から登場する類義語：公財。
>
> 第2期（2009年～2011年），第3期（2012年～2014年）および第4期（2015年～2017年）から消失する類義語
> 　第2期から消失する類義語：Action，アクションプラン，博覧会。
> 　第4期から消失する類義語：IHP，NGO，ハイレベル，衛生年，学術，拠点，水文学。

第1期（2006年～2008年）から第4期（2015年～2017年）まで，各期の特定単語「国際」の類義語上位30語から，「題」「今回」「第7章」など特徴のない語を除いた45語の経年変化（表3-6）から，以上のことが明らかになったが，これだけでは全体を把握することは難しい。

それでは，全体を把握するために，表3-6の45語の類似度の経年変化をコレスポンデンス分析し，可視化した結果（図3-4）をみていこう。

　図3-4の原点周辺に現れる語は，第1期（2006年～2008年）から第4期（2015年～2017年）まで出現している類義語であり，期ごとに大きく類似度が変動することがない類義語である。つまり，「国際」といえば，いつも出現するような基本的な単語といってよいであろう。

　各期「2006年～2008年」，「2009年～2011年」，「2012年～2014年」および「2015年～2017年」の周辺に出現している語は，当該期に最も影響力が高い類義語である。例えば，「フォローアップ」という類義語は毎期出現するが，他の3期と比較して「2009年～2011年」に，「国際」という特定単語に最も近い意味で使われたということになる。

　原点から大きく離れて現れる語は，新たに出現したり，消失した類義語である。これらの類義語は，強化が必要とされる事象であったり，大きな力を入れなくなったと考えられる事象である。例えば，「プレゼンス」「強み」という語は，原点から離れた第1軸のマイナス方向に現れている。これは「2012年～2014年」にのみ出現した類義語であり，翌年意向は出現していない類義語である。また，「ビジネス」「標準化」「規格」という語が，原点からやや離れた第3象限に現れている。これは，「2006年～2008年」には現れなかった類義語であり，「プレゼンス」「強み」と同じタイミングで出現している。この時期の国際分野では，強みを活かしたビジネス展開を支援に取り組み始めたのだろうと理解することもできる。

　このように，可視化により「水資源白書を分析対象テキストとした場合，特定単語「国際」の類義語群の時系列変化は，水資源行政の国際化の流れを表している」ということが確認できた。しかし，原点周辺で毎期出現する単語の意味の変化を知ることはできない。

　そこで，この問題を克服するために，例えば「協力」という単語は，どのように内容が変化しているのかについて，次節で調べてみよう。

第4節 水資源白書の国際分野に限定したテキストからみる毎年出現する特定単語「協力」の意味の変遷

4-1 背景と目的

　第3節では，第2節の結果を用いて，第1の仮説である「水資源白書を分析対象テキストとした場合，特定単語「国際」の類義語群の時系列変化は，水資源行政の国際化の流れを表している」ということを確認した。

　本節では，第2の仮説である「水資源白書の国際関連の章を分析対象テキストとした場合，特定単語「協力」の類義語群の時系列変化は，国際協力あるいは建設業界支援に関することを表している」ということを確認していく。

4-2 分析方法

　本節では，『水資源白書』（2006年～2014年）および『水循環白書』（2015年～2017年）の各全文をテキストのうち，国際関連の記述がある章のみを抽出したテキストを分析対象テキストとして選定する。

　その理由は，分析対象テキストを国際関連について記述されている章に絞り込むことにより，分析精度の向上を期待できるからである。分析環境と分析手順は以下のとおりである。

【分析環境】
① OS：Windows10-64bit
② 使用言語：Python3.6.6
③ 使用ライブラリ：gensim-Word2vec
④ Word2vecのアルゴリズム：skip-gram
⑤ 形態素分割（分かち書き）：Word Miner1.1（日本電子計算機株式会社）
⑥ 度数分布図作成：Excel2019（マイクロソフト社），Excel2007（マイクロソフト社）＆エクセル統計2010（株式会社社会情報サービス）
⑦ 分析対象テキスト：第1期として水資源白書（2006年～2008年）の国際

関連の章，第 2 期として水資源白書（2009年～2011年）の国際関連の章，第 3 期として水資源白書（2012年～2014年）の国際関連の章，そして第 4 期として水循環白書（2015年～2017年）の国際関連の章（**表 3 - 7 参照**）

【分析手順】
① 分析対象テキスト（ 4 期12年間分）について形態素分割（分かち書き）をする。
② Word2vecのパラメータであるsizeとwindowについては，size=100, window=16に設定する。分析対象となるテキスト量が，第 3 節の分析対象テキストと比較して少ないため，ここではwindow=16とした。
③ Word2vecを使って，類義語および類義語の類似度を計算し，各期上位30語計120語を抽出する（**表 3 - 8 参照**）。
④ 抽出した120語から数字など特徴のない単語や重複する単語を除去し，45語を選定する。横欄に45語，縦欄に各期の計算された類義語の類似度を記入し，表を作成する（**表 3 - 9 参照**）。作成した表のデータをコレスポンデンス分析を行う（**図 3 - 5 参照**）。

第3章 深層学習による日本の水資源行政の国際分野の動向分析

● 表3－7 ● 分析対象テキスト一覧（水資源白書および水循環白書の国際関連の章）

期	年	分析対象テキスト		
第1期	2006	平成18年版日本の水資源（水資源白書），国土交通省編	第11章	水資源に関する国際的な取組み
	2007	平成19年版日本の水資源（水資源白書），国土交通省編	第12章	水資源に関する国際的な取組み
	2008	平成20年版日本の水資源（水資源白書），国土交通省編	第12章	水資源に関する国際的な取組み
第2期	2009	平成21年版日本の水資源（水資源白書），国土交通省編	第12章	水資源に関する国際的な取組み
	2010	平成22年版日本の水資源（水資源白書），国土交通省編	第10章	水資源に関する国際的な取組み
	2011	平成23年版日本の水資源（水資源白書），国土交通省編	第10章	水資源に関する国際的な取組み
第3期	2012	平成24年版日本の水資源（水資源白書），国土交通省編	第8章	水資源に関する国際的な取組み
	2013	平成25年版日本の水資源（水資源白書），国土交通省編	第8章	水資源に関する国際的な取組み
	2014	平成26年版日本の水資源（水資源白書），国土交通省編	第8章	水資源に関する国際的な取組み
第4期	2015	平成27年度水資源施策（水循環白書），内閣官房編	第8章	国際的な連携の確保及び国際協力の推進
	2016	平成28年度水資源施策（水循環白書），内閣官房編	第8章	国際的な連携の確保及び国際協力の推進
	2017	平成29年度水資源施策（水循環白書），内閣官房編	第8章	国際的な連携の確保及び国際協力の推進

（出所）筆者作成。

● 表3－8 ● 各期の特定単語「協力」の類義語上位30語および類義語の類似度一覧（補正なし）

順	第1期(2006年～2008年)類義語	類似度	第2期(2009年～2011年)類義語	類似度	第3期(2012年～2014年)類義語	類似度	第4期(2015年～2017年)類義語	類似度
1	国際	0.97389	その他	0.94266	世界的	0.96964	図る	0.96303
2	環境	0.96880	促進	0.94210	高まる	0.94389	理解	0.95642
3	情報	0.96339	交流	0.94190	必要性	0.94181	適切	0.95626
4	貢献	0.96326	省庁	0.93526	よる	0.94111	維持	0.95484
5	経験	0.96281	経験	0.93038	貢献	0.94019	対して	0.95482
6	様々	0.96190	援助	0.92967	高まって	0.93706	資する	0.95410
7	積極的	0.95877	実施して	0.92097	積極的	0.93516	醸成	0.95285
8	他	0.95794	とも	0.91888	なか	0.92604	係る	0.95278
9	学術	0.95606	対して	0.91499	これまで	0.91886	下水	0.95108
10	つつ	0.95566	プログラム	0.91054	取組み	0.91302	通じた	0.95102
11	規模	0.95451	声明	0.90988	解明	0.91125	我が国	0.95052
12	管理	0.95348	行う	0.90496	きた	0.90577	○	0.94902
13	役割	0.95032	取り組み	0.90404	様々	0.90044	ために	0.94893
14	果たす	0.94862	べき	0.90316	プログラム	0.89998	ソフト	0.94593
15	取組み	0.94682	関する	0.90071	①	0.89783	より	0.94580
16	フォローアップ	0.94651	きた	0.89816	経験	0.89160	水災害	0.94578
17	成果	0.94624	必要性	0.89787	現状	0.88629	国際	0.94544
18	及び	0.94609	政策	0.89147	事業	0.88453	活用	0.94544
19	ODA	0.94541	ため	0.89103	飲料水	0.88288	参入	0.94492
20	NGO	0.94433	環境	0.88684	水資源	0.88051	：	0.94474
21	技術	0.94339	国際的	0.87661	促進	0.87484	政府	0.94325
22	関連	0.94061	①	0.87496	される	0.87163	削減	0.94257
23	統合的	0.94011	実施した	0.87104	昭和	0.86623	洪水	0.94230
24	科学	0.93912	呼びかける	0.86969	援助	0.86448	対策	0.94221
25	議論	0.93477	執り行われた	0.86899	二国間	0.86253	質	0.94183
26	博覧会	0.93471	技術	0.86823	実施して	0.86154	高い	0.94157
27	ウ	0.93398	成果	0.86763	調査	0.86092	途上国	0.94066
28	政策	0.93393	ア	0.86759	懸念	0.85960	銀行	0.94033
29	国連	0.93388	推進	0.86651	発信	0.85754	経済	0.93976
30	きた	0.93269	努力	0.86520	問題	0.85486	諸国	0.93913

(出所) 筆者作成。

第 3 章　深層学習による日本の水資源行政の国際分野の動向分析　　*111*

● 表 3 − 9 ● 特定単語「協力」の類義語45語の類似度の経年変化

番　号	1	2	3	4	5
類義語	プログラム	維持	飲料水	援助	下水
第 1 期（2006年〜2008年）	0.74320				
第 2 期（2009年〜2011年）	0.91054		0.81326	0.92967	
第 3 期（2012年〜2014年）	0.89998		0.88288	0.86448	0.95108
第 4 期（2015年〜2017年）		0.95484		0.91556	
番　号	6	7	8	9	10
類義語	我が国	解明	活用	環境	技術
第 1 期（2006年〜2008年）	0.92299	0.82998		0.96880	0.94339
第 2 期（2009年〜2011年）	0.79665	0.86484		0.88684	0.86823
第 3 期（2012年〜2014年）	0.66795	0.91125		0.85166	0.70983
第 4 期（2015年〜2017年）	0.95052		0.94544	0.89396	0.89998
番　号	11	12	13	14	15
類義語	銀行	経験	経済	懸念	呼びかける
第 1 期（2006年〜2008年）	0.86565	0.96281	0.57246	0.72472	
第 2 期（2009年〜2011年）	0.74035	0.93038	0.45589	0.76164	0.86969
第 3 期（2012年〜2014年）	0.62118	0.89160	0.59021	0.85960	
第 4 期（2015年〜2017年）	0.94033	0.85411	0.93976		
番　号	16	17	18	19	20
類義語	交流	洪水	貢献	国際	参入
第 1 期（2006年〜2008年）	0.75636		0.96326	0.97389	
第 2 期（2009年〜2011年）	0.94190		0.94019	0.68323	
第 3 期（2012年〜2014年）		0.79821	0.84071	0.69642	
第 4 期（2015年〜2017年）		0.94230		0.94544	0.94492
番　号	21	22	23	24	25
類義語	事業	質	取組み	省庁	推進
第 1 期（2006年〜2008年）			0.94682	0.86961	0.90753
第 2 期（2009年〜2011年）				0.93526	0.86651
第 3 期（2012年〜2014年）	0.88453		0.91302		0.81201
第 4 期（2015年〜2017年）	0.85000	0.94183			0.85226
番　号	26	27	28	29	30
類義語	水災害	水資源	世界的	成果	政策
第 1 期（2006年〜2008年）		0.76731		0.94624	0.93393
第 2 期（2009年〜2011年）		0.80598	0.85771	0.86763	0.89147
第 3 期（2012年〜2014年）		0.88051	0.96964	0.68868	0.75068
第 4 期（2015年〜2017年）	0.94578	0.75227			0.83879
番　号	31	32	33	34	35
類義語	政府	声明	積極的	促進	対策
第 1 期（2006年〜2008年）	0.83880		0.95877	0.85444	
第 2 期（2009年〜2011年）	0.67843	0.90988		0.94210	
第 3 期（2012年〜2014年）	0.59945		0.93516	0.87484	
第 4 期（2015年〜2017年）	0.94325		0.88507	0.93572	0.94221
番　号	36	37	38	39	40
類義語	調査	適切	途上国	努力	二国間
第 1 期（2006年〜2008年）			0.88187	0.86419	
第 2 期（2009年〜2011年）	0.85835		0.71392	0.86520	
第 3 期（2012年〜2014年）	0.86092		0.66552	0.74631	0.86253
第 4 期（2015年〜2017年）	0.84475	0.95626	0.94066		
番　号	41	42	43	44	45
類義語	発信	必要性	問題	様々	理解
第 1 期（2006年〜2008年）			0.87017	0.96190	
第 2 期（2009年〜2011年）		0.89787	0.85413	0.86452	
第 3 期（2012年〜2014年）	0.85754	0.94181	0.85486	0.90044	
第 4 期（2015年〜2017年）	0.82332		0.82636		0.95642

（出所）筆者作成。

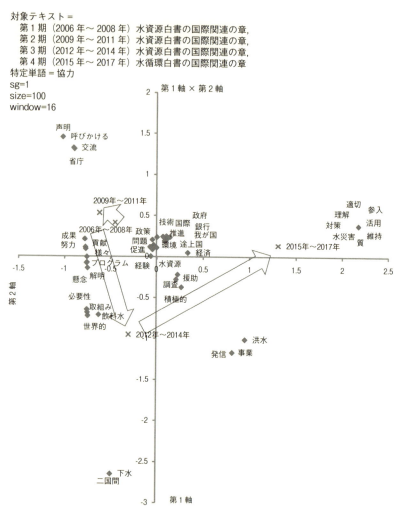

●図3−5●特定単語「協力」の類義語45語と各期の関係
（コレスポンデンス分析結果）

4-3 分析結果，考察および結論

　ここでは，国際分野における「協力」の意味と類似の単語の類似度の変化を調べることによって，「協力」の示す範囲をみていこう。表3-8が示すように，上位30語が毎期入れ替わっていることから，「協力」の使われる範囲が変化していることが分かる。次に，表3-9が示すように，経年データから途中出現（以後消失なし）および途中消失（以後出現なし）という特徴を持つ類義語は，以下のとおりである。

第2期（2009年～2011年），第3期（2012年～2014年）および第4期（2015年～2017年）から登場する類義語
　第2期から登場する類義語：維持，援助。
　第3期から登場する類義語：洪水，事業，発信。
　第4期から登場する類義語：参入，調査，理解。
第2期（2009年～2011年），第3期（2012年～2014年）および第4期（2015年～2017年）から消失する類義語
　第3期から消失する類義語：交流，省庁，様々。
　第4期から消失する類義語：プログラム，解明，懸念，貢献，成果，努力。

　以上の特徴だけでは，全体を把握することは難しい。そこで，全体を把握するために，表3-9の45語の類似度の経年変化をコレスポンデンス分析し，可視化した結果をみていこう。

　第1期「2006年～2008年」周辺には「政策」「問題」「促進」といった語群，第2期「2009年～2011」周辺には「声名」「呼びかけ」「交流」といった語群，第3期「2012年～2014年」周辺には「発信」「事業」「洪水」といった語群，そして第4期「2015年～2017年」の周辺には「参入」「質」「水災害」といった語群が出現している。

　「協力」の意味は，問題提起，解決に向けた合意形成，協力分野の具体化そして取り組み内容へと範囲を変えていることが分かる。これは，国際協力の方向を表している。また，「事業」，「参入」，「水災害」という類義語から，例えば建設業界が水災害対策に関する調査，構造物による対策工事に参入する機会を整えてきたともいえるだろう。このように，可視化により「水資源白書の国

際関連の章を分析対象テキストとした場合，特定単語「協力」の類義語群の時系列変化は，国際協力あるいは建設業界支援に関することを表している」ということを確認できた。

第5節 おわりに

　ここで，本章の分析手法について振り返り，研究上の課題を示しておこう。本章の目的は，日本の水資源行政の国際化の流れがどのような国際協力あるいは建設業界支援につながっていったのかについて，戦略的取り組みの実態をテキストマイニングにより分析し，明らかにすることであった。この目的を達成するために，2つの仮説を設定し，仮説の妥当性を確認した。第1の仮説は，「水資源白書を分析対象テキストとした場合，特定単語「国際」の類義語群の時系列変化は，水資源行政の国際化の流れを表している」ということであった。そして，第2の仮説は，「水資源白書の国際関連の章を分析対象テキストとした場合，特定単語「協力」の類義語群の時系列変化は，国際協力あるいは建設業界支援に関することを表している」ということであった。
　仮説の妥当性を確認するために，「国際」あるいは「協力」という特定単語がどのような意味や文脈で現れているのか，「水資源白書」および「水循環白書」12年間分を分析対象テキストとして，Word2vecを用いて類義語と類義語の類似度を算出し，算出された類義語群を時系列分析した。まず，「国際」という特定語の類義語群を時系列分析し，その後，国際分野に絞り込んだテキストの中で，「協力」という特定単語の類義語群を時系列分析した。その結果，類義語群が組み合せを変えながら，日本の水資源行政の国際化の流れがどのような国際協力あるいは建設業界支援につながっていったのか，ということを表していることを確認できた。
　最後に，研究上の課題を示しておこう。第1に，分析対象となるテキスト量とテキストの前処理不足である。1冊200ページに満たない水資源白書を12年間分のみを分析対象テキストとして一定の手順で分析しても，その結果が最適かどうかは議論の余地がある。また，テキストの前処理として，意味を持たな

い数値や記号を削除し，丁寧な辞書を作成して活用語尾の変化を統一して表記するなど，テキストクリーニングを行うことで分析精度は高まるであろう。第2に，類義語の抽出や類似度の算出に用いるWord2vecのパラメータについては，出現する類義語を見ながら適切な値を探していくという経験的な知見に頼る部分が残っている。適切な値を探し出すには，パラメータの組合せ範囲の拡張や高密度化を図り，分析対象テキストごとに異なるテキスト量や特徴を考慮して，丁寧に調べていく余地がある。適切なパラメータについて更に詳しく調べていくことで，分析精度は高まるであろう。第3に，時系列分析を行う類義語の選定である。今回は，類似度の高い単語の中から，著者が特徴のない語を削除して選定するという方法を取っているが，語の重要性を意識したTF-IDFを使うなど，選定方法を試行し適切な語の抽出を検討する余地がある。適切な類義語の選定により分析精度の向上を図ることができるであろう。

　以上より，研究上の課題に示されたとおり分析精度の改善の余地はあるが，深層学習による日本の水資源行政の国際分野の動向分析の考え方は示されたと考える。

【参考文献】

Mikolov, T. et al（2013）*Efficient estimation of word representations in vector space*. arXiv:1301.3781.
Mnih, A. and Kavukcuoglu, K.（2013）Learning word embeddings efficiently with noise-contrastive estimation. In Proceedings of NIPS, pp.2265-2273.
石田基広（2008）『Rによるテキストマイニング入門』森北出版株式会社．
石田基広・金明哲編（2012）『コーパスとテキストマイニング』共立出版．
杉浦政裕（2010）「テキストマイニングによるインドネシアにおける水資源インフラストラクチャーニーズの分析」『土木学会論文集F4』66(1), pp.27-35,土木学会．
那須川哲哉（2006）『テキストマイニングを使う技術／作る技術』東京電機大学出版局．
坪井祐太・海野裕也・鈴木潤（2017）『深層学習による自然言語処理』講談社．
福原知宏・村山敏泰・中川裕志・西田豊明（2006）「Weblogから社会の関心を探る」『人工知能学会第20回全国大会』3D2-01, 人工知能学会．
山内長承（2017）『Pythonによるテキストマイニング入門』オーム社．

第4章
テキストマイニングに基づく手術ロボット研究の動向分析

第1節 はじめに

　テキストマイニングの意義は，構造化されていない大量のテキストデータの中から必要な知識を獲得することにあることは，あらためて述べるまでもない。この知識は，カテゴリー間の距離（または類似性）や時系列の趨勢（動向）からテキスト全体の傾向を捉えることによって得られる場合もある。また，特定のトピックを深く掘り下げて分析することによって得られる知識もある。第2章では，それぞれ「鳥瞰図描画型テキストマイニング」「ピンポイントフォーカス型テキストマイニング」と呼んだ。もちろん，実際にはテキストマイニングの利用において，この鳥瞰図描画型とピンポイントフォーカス型の2つのテキストマイニングアプローチを明確に峻別することはできず，2つの目的を併せ持っている場合が多いのが現実であるが，しかし大なり小なりどちらかに偏っている場合が多い。

　このように，テキストマイニングは2つのタイプの知識の獲得を可能とするが，その意義は特に後者にある。なぜなら，全体の傾向を捉えるだけであれば，統制語などのメタデータを分析する従来からの計量書誌学の手法だけで，十分に目的を達成できる場合が多いからである。これに対して，統制語などのメタデータに限定されることなく，出現頻度の少ない語も含めて掘り下げた知識を,

ある特定のトピックに限定して知識を獲得することにテキストマイニングに固有の意義がある。

ピンポイントフォーカス型の手法とは，検索エンジンによって世界中のテキストデータの中から必要な知識を獲得するために，適切と考えられるキーワードを設定し，複数のキーワードを組み合わせるという試行錯誤を続ける手法と共通性を有している。しかし，テキストマイニングは全体を鳥瞰することによってトピックを適切に設定したうえで，それを他の手法と組み合わせることによって，より適切な知識を発見できるという点で独自の意義を有している。

本章では，テキストマイニングの意義を，手術ロボットを事業とする企業が脳神経外科医療の中で人工知能と手術ロボットという先端技術の導入がどのように進んでいるのか，その導入の障害克服のためにどのようなアプローチがあるのかを発見するという仮想的事例で論じる。そのために，世界的に定評のある学術誌である「Neurosurgical Focus」誌を取り上げる。

この分析のために，まず人工知能と手術ロボットを中心とする先端的な情報技術（IT）の導入の現状について概観することから始める。

第2節　課題の設定

医療へのITの導入は，これまでも着実に進んできた。とりわけ重要な意義を持つのは電子カルテ，医療情報システムの導入である。この情報化が，医療労働の大幅な軽減と医療の質の向上に大きく寄与した。また，創薬におけるITの導入も進んでいる。例えば，新規医薬品開発では毒性や効果を初期の段階で見極めることが難しく，新薬候補の成功確率は20,000分の1とも30,000分の1ともいわれており，このことが研究開発コストを高めている。したがって，研究開発の初期の段階での見極めの精度を高めることが不可欠であるが，その失敗率を引き下げるうえでIT利用が有効であるといわれている。さらに，医療技術向上のためのブレークスルーが十分に得られない現状で，手術ロボットが医療技術の向上に貢献できると期待されている。また，大部分の先進国で問題となっている国家財政に占める医療費の増加に対して，自動化がその削減を

可能とするかもしれないという期待もある（中辻・橋爪, 2008）。

　このように，ITの導入は，医療の質の向上とコスト削減・効率化に大きく寄与する潜在的可能性を有しているが，とりわけ現在，IT導入によるこれらの利益享受に対する期待はますます大きくなっている。その背景には，ソフトウェアのインテリジェント化，人工知能の進化がある。例えば，人手ではカバーできない膨大な研究論文の中から，的確な治療法を発見するために人工知能を利用する場合もある。IBM Watsonを用いて白血病の治療法を発見したのは，その一例である。

　しかし，ITの利用にはさまざまな障害もある。例えば，遺伝子工学の臨床への応用実績は，期待どおりには進んではいない。また，アメリカFDAにより承認される新規分子化合物（NME, New Molecular Entity）の数が，2007年の18件から2012年39件，2015年45件に増加しているが，2016年には22件となっているように，医療の質の向上にとって十分といえるほどには薬効の期待される新規医薬品は現れておらず，十分なブレークスルーは得られていない（日本貿易振興会サービス産業部, 2018, p.12）。

　医療用ロボットについても，開発の成果は十分にはほど遠いのが現状である。アメリカFDAによって2000年に認可されたda Vinciは，世界で最も広く受け入れられ成功した数少ない例である。また，1987年にインテグレーテッド・サージカル・システムズ社が発売を開始した定位脳手術を支援するNeuroMateは少しずつ進化し，現在でも多くの病院で利用されている。しかし，このように成功した手術ロボットも，「自律性」を持つ真の意味でのロボットという水準にまでは達していない。手術分野とは異なるが，パワースーツがリハビリなどでの利用が期待されているとはいえ，その普及は今後に残されている。

　ITの導入が簡単には進まない理由は，以下のとおりである。

　手術ロボットの場合，その操作対象は個性がある画一化が難しい人体であり，またミスが許されない高い信頼性を求められるので，産業用ロボットをはるかに上回るコンピュータ技術，制御技術が必要となるからである。これに対して，産業用ロボットは形状や材質が画一化された対象を同じ動作の反復によって加工するにすぎず，またその動作が100％の信頼性を求められることもないので，

その普及に対する障害は小さい。

　また，一般に技術開発には，要素技術に熟知した開発主体とニーズを熟知したユーザーとの連携が必要であり，技術シーズとニーズとがマッチングすることが必要であるが，手術という高度で専門的で個性的な医師の手技と切り離せないニーズをロボット技術開発主体としての工学研究者が知ることが難しく，両者のコミュニケーションが取りにくいこともその開発を妨げる（伊関 et al., 2009）。

　また，人工知能については，機械学習アルゴリズムの進化が成果を上げつつあるとはいえ，未だ途上である。しかも，その進化のためには解析精度を検証するためのデータが必要であるが，電子カルテなどから得られた治験データや遺伝子データはセキュリティが重視されるので，簡単には研究用として利用できないという制約もある。

　これらの諸事情が医療分野へのIT導入を制約しており，その克服が課題となっている。したがって，本章ではIT，とりわけ人工知能と手術ロボットの導入の現状や，その開発のために必要な知識を得るための手法などを企業が知るために，脳神経外科の事例を取り上げ，学術研究論文のマイニングによってその知識を得ることを目的とする。

第3節　データと前処理，解釈上の注意

3-1　データ

　分析の前に，本章で対象とするテキストデータの性質について説明しておく。
　一般に世界の技術動向，技術進歩により実現すると予想される機能・技術が充足するであろう顧客ニーズなどを知るために利用されるテキストデータは，特許や学術研究論文である。本章では，この中で学術研究論文を用いる。その理由は，手術ロボットの開発は特許申請段階や実用化にまで至らない研究が多く，また特許公報に記述されている叙述では研究が目指している大きな方向性やニーズ（あるいは機能）が分かりにくいからである。

また，本章では日本の学術論文ではなく，海外の著名な学術雑誌に掲載された論文を選択した。その理由は，国内の雑誌については，筆者が「日本ロボット学会誌」を用いた分析をすでに行っているからである（大津，2014）。また，国際的に著名な雑誌に投稿されている論文は重要な研究だからであり，さらに日本だけにバイアスがかからない知識を得ることが必要だからである。

本章で分析対象とする雑誌は，American Association of Neurological Surgeonsが刊行する「Neurosurgery Focus」誌である。同誌は，脳神経外科全般の研究論文を含んでいる。この雑誌の中から，1996〜2017年の2,762件の論文を抽出し対象とした。抽出したのは，タイトルや抄録だけでなく，全文である。論文数の年別の推移は，図4-1のとおりである。

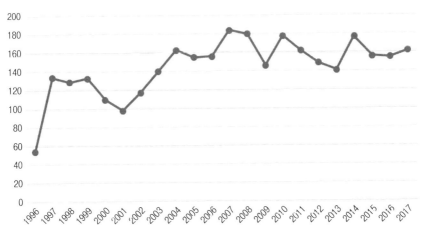

●図4-1●年別論文数の推移 （Neurosurgical Focus）

本章での分析には，以下のようなテクニカルなレベルでの不十分さがある。すなわち，PDFファイルやHTMLファイル化されている論文のテキストデータへの変換作業プロセスで，文字化けや改行コードの処理のミスなどが避けられず，そのために原文と完全に一致したデータを得ることは困難である。さらに，全記事の中から研究に関係する論文のみを抽出する判断も筆者自身が行っており，その際に恣意性が混入することも避けられない。しかし，このことがマイニング結果に大きな影響を与えることはないと考えて差し支えないであろ

う。

　また，同誌に収録される論文は，単に実際の研究者の研究動向を反映するだけでなく，雑誌編集部によるある特定のテーマについての特集号の設定などによっても影響されることも留意しておく必要がある。しかし，特集号も研究の現状を考慮して設定されるので，論文数によって研究の動向を類推することは可能であるといえよう。

3-2　データの前処理と解析手法

　テキストマイニングでは，語の出現頻度および語と語との共起出現頻度から知識を獲得する。しかし，語の出現頻度結果の解釈において，以下に注意する必要がある。

　第1に，自然言語から語を抽出し出現頻度順に並べると，いわゆるロングテール性を示す場合が多い。そして，出現頻度の多い語であればあるほど，注目すべき重要語（あるいは特徴語）であると捉えられるのが一般的である。この理解は間違っていない。出現頻度，共起出現頻度が多い語であればあるほど，社会にすでに定着している事実を体現した重要語であると考えられるからである。しかし，場合によっては出現頻度の少ない語が，社会に公知となっていない未来の予兆を示す重要語であると捉えることが必要になる場合も多い。その場合は，ロングテールの尾の部分に位置する無数の語の中から，注目すべき語を発見・抽出しなければならない。

　第2に，テキストデータのマイニング結果は現実を忠実に反映している場合もあるし，逆に現実を反映しない場合もある。現実を反映しない場合とは，テキスト執筆者がイメージする望ましい姿が現実と乖離しているので，この問題をテキスト執筆者が指摘する場合に生まれる。例えば，ロボットアームのフィードフォワード制御の研究論文数が多いという結果が得られたとき，実際にフィードフォワード制御機構が広く普及している結果として出現頻度が多くなる場合と，逆に普及していないことは好ましくなく，広く普及すべきことを執筆者が主張したいために言及が多くなる場合がある。出現頻度がどちらを反映しているかは，解析者の知識によって判断する以外にないという場合がしば

しば生じる。したがって，マイニングする場合には，深い専門知識とマイニング結果とを比較・対照し，現実を可能な限り正しく捉えた解釈を行うことが必要である。例えば，解析者の知識とマイニング結果とを照合することによって，マイニング結果から学び全体を鳥瞰し，欠けている重要な研究テーマや分野を発見するだけでなく，マイニング結果と実体との乖離を発見することなどがテキストマイニングによって可能となる。

また，第2章で詳しく述べたのでここではあらためて述べないが，語と語との共起関係の出現頻度（共起出現頻度）については，共起関係を全文単位で見るよりも，5文単位で見るほうが望ましい。したがって，以下では全文単位と5文単位との2つを必要に応じて使い分けて論じることとする。

第4節　人工知能，ロボットの導入実態

　脳神経外科医療にどのように人工知能や手術ロボットが取り入れられるかは，将来の医療ニーズの性質次第で大きく変わるであろう。したがって，まず脳神経外科におけるニーズを知ることから始めなければならない。

　このニーズは，疾患に関する語の出現頻度の推移から知ることができる。そのために，5時点（1996〜1997年，1998〜2002年，2003〜2007年，2008〜2012年，2013〜2017年）の疾患に関する語の出現頻度が22年間にどのように変化したかをみてみた（表4-1）。

　同表によると，大部分の疾患について出現数は増えている。最も出現数が多いのは，「edema（浮腫）」（580件）である。外傷に関する研究も「head injury（頭部外傷）」「brain injury（脳損傷）」などが上位にあり，重要なテーマであることが分かる（それぞれ4位，11位）。

　脳血管障害に関する「cerebral stroke（脳卒中）」は，22年間の出現頻度が第2位であることが示すように重要なテーマであるが，その中で「brain infarction（脳梗塞）」が1998〜2002年から2013〜2017年に最も増加しているのに対して（3.54倍），「subarachnoid hemorrhage（くも膜下出血）」は減少しているし（0.92倍），同期間に増加している「cerebral hemorrhage（脳出血）」「ce-

●表4－1● 脳神経外科の疾患別論文数の推移

年	1996〜1997	1998〜2002(1)	2003〜2007	2008〜2012	2013〜2017(2)	合計	(2)／(1)
edema	35	97	157	153	138	580	1.42
cerebral stroke	20	66	115	172	143	516	2.17
hydrocephalus	24	103	118	117	85	447	0.83
head injury	25	71	79	124	82	381	1.15
glioma	23	80	94	68	100	365	1.25
infarction	25	61	75	108	79	348	1.30
subarachnoid hemorrhage	22	65	93	83	60	323	0.92
epilepsy	13	46	60	120	68	307	1.48
brain infarction	12	28	54	75	99	268	3.54
brain tumor	16	45	72	34	81	248	1.80
brain injury	14	45	36	83	63	241	1.40
meningioma	17	30	78	45	65	235	2.17
spinal cord injury	5	54	51	63	60	233	1.11
cerebral hemorrhage	12	19	48	63	47	189	2.47
contracture	14	44	49	46	30	183	0.68
spondylolisthesis	11	24	45	30	60	170	2.50
astroglioma	13	44	38	23	44	162	1.00
glioblastoma	8	35	32	21	65	161	1.86
schwannoma	4	22	50	18	33	127	1.50
Parkinson disease	15	16	14	36	34	115	2.13
cerebrovascular disturbance	7	10	23	36	19	95	1.90
cerebral infarction	12	14	28	30	8	92	0.57
cerebral aneurysm	4	14	40	13	16	87	1.14
craniopharyngioma	9	10	10	31	25	85	2.50
stereoencephalotomy	1	22	17	23	14	77	0.64
ependymoma	5	19	14	10	20	68	1.05
oligodendroglioma	6	18	16	7	16	63	0.89

rebral aneurysm（脳動脈瘤）」も2008〜2012年から2013〜2017年にかけては減少している。脳血管障害については，出血よりも梗塞が重要な課題となっていることが理解できる。

また，「glioma（神経膠腫）」「brain tumor（脳腫瘍）」「astroglioma（星状神経膠腫）」「schwannoma（神経鞘腫）」「ependymoma（上衣腫）」など，さまざ

まな腫瘍も重要なテーマとなっているが，とりわけ「glioma」の件数が多い（365件）。

　これらの脳神経外科疾患の治療のため，人工知能やロボットがどれだけ浸透しているかを知るための1つの指標は，脳神経外科全般の論文に占める人工知能やロボット関連の論文の件数をみることである。そのために，「artificial intelligence」や「robot（またはrobotics）」という語を含む論文数，および人工知能や手術ロボットという意味を体現している語（「machine learning」「neural network」「support vector machine」「random forest」「supervised learning」），さらに人工知能や手術ロボットの技術的ベースとなり技術的連続性のある「software」「endoscope」「computer」という語を含む論文数についてみた（表4-2）。

　これによると，手術ロボットは21世紀に入って少しずつ重要な研究テーマとなり始めているが，とりわけ興味深いのは，2014年に5件，2017年に18件へと増加していることである。手術ロボットの本格的な研究が始まり，臨床の場への導入が始まろうとしていることが理解される。

　これに対して，人工知能については出現件数は極めて少ない。とはいえ，2015年頃から「neural network」「support vector machine」「random forest」などの語が少しずつ出現し始めていることは，人工知能の脳神経外科の臨床現場への導入が始まっていることを示唆している。

　このように，人工知能だけでなく，手術ロボットについても出現件数は多くないが，しかしこれは実態を過小評価しているかもしれない。なぜなら，実質上は手術ロボットや人工知能に関する研究を含んでいながら，「artificial intelligence」「robot」という語を使わない論文も少なくないと推測されるからである。例えば，内視鏡技術は，将来のロボット化を目指した研究内容が含まれている場合も少なくないと思われるのであるが，「robot」という語を使わなければ出現件数の中に含まれない。

　そもそも，産業用ロボットや各種サービスロボットと同様に，手術ロボットも厳密に定義すれば「robot」といえるものは少ない。手術ロボットであれその他各種ロボットであれ，それがロボットの名に値するための基本的な要件は

●表4-2●人工知能，ロボット論文数の推移

年	1997	1998	1999	2000	2001	2002	2003	2004	2005	2006	2007	2008	2009	2010	2011	2012	2013	2014	2015	2016	2017
artificial intelligence	2	0	1	0	0	0	0	1	0	1	0	0	0	0	0	0	0	0	0	0	2
machine learning	0	0	0	0	0	0	0	0	1	0	0	0	1	0	0	0	0	0	0	1	2
neural network	2	0	1	0	0	0	0	1	1	1	0	2	0	1	0	0	2	0	1	0	0
support vector machine	0	0	0	0	0	0	0	0	0	0	0	0	0	0	0	0	0	0	1	0	0
random forest	0	0	0	0	0	0	0	0	0	0	0	0	0	0	0	0	0	0	0	1	1
supervised learning	0	0	0	0	0	0	0	0	1	0	0	0	0	0	0	0	0	0	0	0	0
expert system	1	0	0	0	0	0	0	0	0	0	0	0	0	0	0	0	0	0	0	0	0
software	23	11	25	10	10	11	14	21	18	21	17	24	24	35	23	25	26	32	40	52	47
computer	25	13	28	10	16	9	19	10	13	17	15	17	22	15	6	13	10	13	2	11	11
robot (robotics)	0	0	0	0	2	1	3	2	1	2	2	4	4	1	1	3	1	5	1	3	18
endoscope (endoscopy,endoscopic)	134	129	133	110	98	117	140	163	155	156	184	180	146	178	162	149	141	177	156	155	162

(注) 各語を含む論文数

「自律性」だからである(鎮西,2015)。自律性とは，人が操作しなくても，体内の障害物を自らの判断で認識し回避できる機能である。このように手術ロボットを厳密に定義すると，それに値する手術ロボットは，da Vinciも含めて現時点でほとんど存在しないということになってしまう。手術ロボットは，内視鏡がコンピュータ制御されるようになり，さらにマスタースレーブ式に進化してゆく中で，将来的に少しずつ自律性を獲得していくという形で進化するであろうと思われるが，このような自律性を獲得するための技術的ベースとなり，プリミティブなレベルではあっても自律性らしき技術(あるいは将来の自律性獲得の先駆けになる技術)が内視鏡の一部，コンピュータ制御システムの一部には含まれていると推測される。したがって，手術ロボットとして広義に捉えることができないわけではない。

同様に，人工知能についても，人工知能という言葉は用いないにしても，ソフトウェア研究の一環として，実質的に人工知能の取り組みが含まれている場合も少なくないと思われる。

したがって，ソフトウェア，内視鏡の研究についてみると，「endoscope」は1996年から100件以上出現しており，しかも傾向として漸増している。また，「software」も2010年頃から増え始めている。このことは，手術ロボットと人工知能に関す研究と臨床への導入が，これまで以上に多くなっていることを示唆していると解釈して間違いないであろう。

第5節　人工知能・手術ロボットの利用用途

5-1　脳神経外科の要素技術

人工知能と手術ロボットが脳神経外科医療にどれだけ利用されているか，どのような用途で利用されているか，それを推進するために必要な要件は何かなどを知るために，まず人工知能と手術ロボットが利用されるニーズ，機能，要素技術をあらかじめ体系化し，マイニングの導きの糸とする必要がある。

一般に，脳神経外科手術に固有に求められる機能や技術は，以下であると考

えられている。

第1に，精密で微細で正確な剥離や切除や吻合のための技術である。脳は他の部位以上に細かな神経が多数あり，それを傷つけない精密な制御技術が必要であり，したがって小型化が必要になる。しかも，小型化されても外部からの力に対して強くなくてはならない。

第2に，そのためには，他の部位以上に低侵襲のための手法が求められる。脳神経外科の手術において求められるのは，深い部位にまで術具を投入すること，しかも手術対象部位まで正常な組織を傷つけることなくたどり着くことが必要である。したがって，対象に到達するまでの空間が狭くなり，精密な手技を求められる。その損傷が予後の生活の質に大きく影響するからである。そのために，例えば内視鏡自体は柔らかく，しかし先端部分は十分な剛性のあるようなシステムを開発する必要がある（田中 et al., home page）。また，可動域を増やすことも必要であり，したがってアームの自由度の大きい回転や多関節性などが求められる。

第3に，正確な手術のための手ぶれを防止する技術が必要である。そのために，術者の腕を支える台を備えたシステムの導入事例もみられる（後藤, 2014）。

第4に，使用するごとにメンテナンスが必要である場合が多い。この手間を省くために，メンテナンスを容易にする努力が必要である。

これらの要件を充足する人工知能と手術ロボット技術を，表4-3，4-4のように体系化した。

人工知能の基盤技術としのアルゴリズムとしては，古くからエキスパートシステムやニューラルネットワークに関する研究が続けられているが，これをベースとして機械学習や深層学習という新しい手法が生まれ，このことが人工知能の実用化への大きいブレークスルーになりつつある。特に，深層学習の手法を利用して，画像，音声，テキストという構造化されていないデータの特徴量を教師なし学習で表現できることにより，高い精度で認識するための要素技術が進化しつつある。

そして，これらの要素技術を導入することによって，正確な画像診断，それに基づいた侵襲性が低く精確な手術，治験データからの正しい治療方法の発見，

医療コストの削減などの実現が目指される。

　次に，トータルなシステムとしての手術ロボットは，その前駆的な装置としての手術用内視鏡に始まり，それがマスタースレーブ型のロボットに発展し，将来的にはより知能が高いインテリジェントロボットに進化すると期待される。

　要素技術あるいは部品としては，アーム／マニピュレータ，それを動かすナビゲーション技術，それに必要な画像認識技術や圧力センサーなどの各種センサーが必要である。

　また，脳神経外科手術に求められる機能としては，何よりも正確性，厳密性が求められる。また，身体に負荷のかからない低侵襲化が要求され，これに貢献できる技術や機能が求められる。そのために，システムや部品の小型化が必要で，的確に部位にたどり着くための画像認識技術やナビゲーション技術が必要である。また，多関節のアームを速度制御やフィードバック制御することによって，複雑な動作を柔軟に実行することが求められる。また一方で，対象部位の臓器を損傷させることなく，しっかりと把持するための仕組みが求められる。また，手術ごとにメンテナンスを行う必要がある現状を克服して容易化することや，滅菌の完全性なども求められる機能である。さらに，コストを引き下げることも，極めて重要な必要要件である。

●表4－3●人工知能の技術体系

(1) アルゴリズム
　エキスパートシステム，ニューラルネットワーク，探索アルゴリズム，機械学習，SVM（support vector machine），random forest，深層学習，折りたたみニューラルネットワーク（CNN, convolutional neural network），教師なし学習，教師あり学習，次元圧縮
(2) 要素技術
　画像処理，画像認識，音声認識，自然言語処理，特徴量，特徴量表現，CT，MCI，学習データ，ビッグデータ，非構造化データ，Watson，コンピュータビジョン，電子カルテ
(3) 求められる機能・ニーズ
　正確性，厳密性，画像診断，コンピュータ支援診断，遠隔診療，低侵襲化，自動化，低コスト，コストパフォーマンス向上

●表 4 − 4 ● 手術ロボットの技術体系

(1) システム／装置 　内視鏡，マスタースレーブ手術ロボット，インテリジェント手術ロボット (2) 部品・要素技術 　アーム，マニピュレータ（多関節），ナビゲーション技術，画像処理（三次元画像認識），センサー（画像センサー，触覚センサー，速度センサー） (3) 求められる機能 　正確性，厳密性，低侵襲化，小型化，自動化，インテリジェント制御（フィードバック，フィードフォワード制御，意思決定支援），アームの複雑・柔軟な動き，自由度の向上，可動域拡大，回転，多関節，スピード制御，人の指にはできない動き，臓器のしっかりした把持，画像処理（隠れた部位を含む広範囲な画像認識，鮮明な画像認識，リアルタイム画像認識），滅菌，メンテナンスの容易化，低コスト，コストパフォーマンス向上

（出所）　大津（2014），p.186を加筆修正

5-2　機能，要素技術別とAI，手術ロボットの共起頻度

　次に，人工知能や手術ロボットがどのような手術に利用されているのか，どのようなニーズの機能の実現に役立つと予想されるのか，その利用・普及のための障害や克服方法は何かを考える。そのために，表4-3，4-4の要素技術や機能を体現する語の時系列変化，およびロボットや人工知能との共起出現頻度の時系列変化を1996～2002年，2003～2007年，2008～2012年，2013～2017年の4つの期間に分けてみた（表4-5）。

　共起関係の抽出は，以下のように行った。一般に，語と語の共起関係を析出する際に直面する大きな問題がある。本章が対象とする「Neurosurgical Focus」誌の場合，掲載される論文は平均して数頁から10頁のテキストである。このような分量の大きいテキストの共起関係は，1つの論文の例えば先頭にある語と末尾にある語のように遠く離れて文脈的関連性がない場合でも，共起関係があると見なすマイニング方法や，逆に1つの文の内部に同時にみられる複数の語の間でのみ共起関係があると見なすマイニング方法など，さまざまな選択ができる。前者では，本来共起関係にあるとはいえない語同士が共起関係があると見なされることが多くなる。逆に後者では，本来共起関係にある語を見失ってしまう場合が多くなる。

　このような問題を回避するために，第2章のように5文単位のテキストブロック（以下，「TB」という）に切り分け，出現頻度と共起関係を抽出する。

したがって，表4－5の要素技術の時系列変化については，文単位での出現件数よりもほぼ5倍水増しされている。また，共起関係についても水増しされている。例えば語「X」「Y」の共起件数が5であった場合，（1）同一の文に「X」「Y」が1回出現した場合もあるし，（2）1つ隣りの文に1回，4つ隣りの文に1回存在した場合もあるように，さまざまなケースがありうる。以上のような注意が必要であることを断ったうえで，以下でみていく。

まず，主に手術全般に関わる語からみていく。

非侵襲，低侵襲の治療は基本的かつ理想的な方向性である。「noninvasive method」が件数としては少ないといえないことは，低侵襲性の重要性を物語っているといえよう。しかし，4つの期に30→40→35→40件と推移しており，増加傾向は示していない。同じ意味を持つ「noninvasively」「minimal invasive」についても同様である。

手術の低侵襲化に人工知能や手術ロボットが利用されているかどうかを知るために共起関係をみると，人工知能関連の語との共起は皆無であった。低侵襲化の目的のために，人工知能が利用されることは多くないことを物語っている。ただ，2008～2012年に「noninvasive method」「noninvasively」が「software」と共起が見られることは，人工知能の利用に意義があることを示していると推測される。内視鏡，手術ロボットについては，1996～2002年の時点からすでに「minimal invasiveness」と「endoscope」との共起がみられることが示すように，内視鏡は低侵襲化に不可欠であることが分かる。しかし，「robot」との共起関係はみられず，手術ロボットという高度なシステムについては，低侵襲化に十分に貢献するに至っていないらしいことが推測される。

剝離，固定，切開，吻合，クリッピングなどの手術の基本的手技についてみると，「removal」が通年で16,075件で最も多く，次いで「fixation」が8,887件，「anastomosis」が1,637件となっている。また，剝離と関係している「adhesion」は1,259件である。さらに，対象部位を触ったりつかんだりする手技と関係する語である「tactile」「touch」は，それぞれ255，593件であった。他と比して大きくはないが，重要な研究テーマの1つであることが分かる。

これら基本的手技のうち，内視鏡やロボットと関係が深いのは「removal」

である。「robot」との共起件数は2012年までは全くみられなかったが，2013〜2017年に18件になっている。また，「endoscope」との共起件数は，1996年以後500件前後を変動しており，内視鏡が切除に多く利用されていることが分かる。脳神経外科のロボット化が，主に切除機能を目指しているらしいことが分かる。

　また，臓器などの固定・把持と関係する「fixation」も「endoscope」と2013〜2017年に77件，「robot」と28件共起しており，手術ロボットにとって触覚を利用して臓器を傷つけることなく固定する技術が重要であることを物語っている。実際，手術にとって対象部位を滑らないようにつかみ，しっかりと固定することは不可欠であり，したがって，触覚情報との関連が深い「tactile」「touch」「grasp」の件数は，「tactile」が4つの期間にそれぞれ35，70，95，55件であったことが示すように少なくない。また，「tactile」「touch」と「robot」との共起件数が2013〜2017年にそれぞれ2，9件であったように，ロボットにとって触覚情報の導入が重要であることを示している。ただ，人工知能関連の技術との関連がみられないことは，触覚情報の処理に人工知能が未だ十分に利用されていないことを示しているのかもしれない。

　「anastomsis」は，「robot」「endoscope」とほとんど共起していない。ただ，2013〜2017年に「robot」と初めて4件共起している。例えば，技術的に困難な脳最深部の微細血管の吻合を目指す手術ロボット「MM1」の例もあるように[1]，吻合のような複雑な手技にも利用され始めていることを示しているのかもしれない。しかも，これと軌を一にして，「anastomsis」は「machine learning」と2013〜2017年に初めて3件共起している。このことは吻合のように複雑な動きを実現するためには，人工知能の導入が必要であることを示唆しているのかもしれないという点で興味深い。

　さらに，脳神経外科手術の重要手法としての「clipping」は，「coil placement」の件数を大きく上回っている。

　次に手術においては，柔軟で迅速に複雑な作業を行う必要があるので，それ

1　http://plaza.umin.ac.jp/~ikourenk/department/project_06/index.html

と関係する語としての「flexibility」「speed」「velocity」「complexity」についてみると，いずれの語も出現件数が多いが，その中でも「complexity」が最も大きく増加している。また，速度を体現する語としての「speed」は若干増加しているが，「velocity」は減少しており，手術の速度向上に対する要求は増していないのかもしれない。

4つの語と「robot」「endoscope」との共起関係をみると，2013～2017年に「speed」「velocity」と「robot」との共起件数が増えている。このことは，手術の速度向上は重要課題ではないが，手術ロボットの動作速度の向上は求められていることを示唆しているのかもしれない。また，「complexity」と「endoscope」との共起件数が，2013～2017年に50件にも達していることは，内視鏡やロボットのシステムが複雑化しているという現実を反映しているのかもしれない。脳の定位手術に用いられるNeuroMateロボットは，6自由度の多関節アームによって自由度の高い動作を行うことが可能になっているが（梶田 et al., 2013），このような動きが将来のロボット化に向けた技術的ベースになると期待される。

機器の速度向上や複雑化への要求に対して，人工知能が役立てられているかどうかを知るために共起関係をみると，「speed」「complexity」と人工知能関連の語との共起関係はほとんどみられない。人工知能の導入は，目立つ形では進んでいないということなのかもしれない。

次に，手術にとって最も重要な正確さを示す語としての「accuracy」や「precise」などについてみる。顕著に目立つのは「accuracy」が通年で376件であり，極めて大きく，しかも増加率も第1期から4期に約3倍になっているように，ますます重視されつつあることである。正確さは手術，とりわけ脳神経外科手術にとって最優先である。同様に，「accurate placement」「precise localization」についても件数は多くないが，3倍前後という大きな増加率を示している。

正確さに関係する語の特徴は，人工知能関連の語との共起関係が比較的大きいことである。「accuracy」は2013～2017年に「machine learning」と5件，「random forest」と10件，「artificial intelligence」と5件共起しており，「pre-

●表4 － 5 ●脳神経外科手

	1996-2002				1996-2002							2003-			
	1996-2002	2003-2007	2008-2012	2013-2017	endoscope	computer	software	neural network	robot	artificial intelligence	expert system	endoscope	software	computer	robot
noninvasive method	30	40	35	40	0	5	5	0	0	0	0	0	0	0	0
noninvasively	55	50	80	60	4	0	0	0	0	0	0	5	0	0	0
minimal invasiveness	20	20	25	20	15	0	0	0	0	0	0	10	0	0	0
microsurgery	260	428	590	285	63	9	4	0	0	0	0	69	0	0	0
miniaturization	5	25	15	23	5	3	0	0	0	0	0	0	0	4	0
navigation	499	376	671	2,195	22	84	9	0	0	0	0	81	7	11	0
neuronavigation	241	314	901	1,029	38	30	9	0	0	0	0	49	6	11	0
robot arm	0	5	0	38	0	0	0	0	0	0	0	0	0	5	0
manipulation	1,035	476	1,001	730	56	39	15	2	0	0	0	30	0	0	4
joint	1,064	2,131	1,064	1,100	47	3	0	0	0	0	0	20	4	13	4
speed	203	202	357	285	17	0	15	0	0	0	0	0	5	2	0
velocity	1,072	378	466	147	9	33	22	0	0	0	0	0	3	8	0
flexibility	141	366	198	175	10	0	0	0	0	0	0	0	2	5	0
complexity	279	390	333	716	23	11	13	0	0	0	0	10	5	4	4
feedback	223	226	451	410	8	12	18	3	0	0	0	3	2	21	10
tactile feedback	5	35	30	25	5	0	0	0	0	0	0	5	0	0	0
feedforward	16	0	0	0	0	0	0	0	0	0	0	0	0	0	0
automation	10	10	15	16	0	0	0	0	0	0	0	0	0	0	2
adhesion	321	320	276	342	10	0	0	0	0	0	0	0	0	0	0
anastomosis	427	338	719	153	0	5	0	0	0	0	0	0	0	0	0
removal	4,614	3,646	4,408	3,407	458	50	22	5	0	0	0	320	0	1	0
microsurgical removal	55	30	55	55	15	0	0	0	0	0	0	5	0	0	0
clipping	326	40	388	390	10	5	0	0	0	0	0	0	0	0	0
coil placement	25	193	50	10	0	0	0	0	0	0	0	0	0	0	0
fixation	2,430	2,031	1,622	2,804	51	22	6	0	0	0	0	40	6	7	4
accuracy	956	888	1,419	2,782	39	71	28	35	10	0	0	44	31	29	19
accurate localization	20	50	50	20	0	0	0	0	0	0	0	5	0	5	0
accurate placement	29	25	41	88	10	5	0	0	0	0	0	0	0	0	0
precise localization	20	49	90	75	0	0	0	0	0	0	0	5	1	0	0

第4章 テキストマイニングに基づく手術ロボット研究の動向分析

術に関する語の出現頻度

2007				2008-2012						2013-2017							
neural network	artificial intelligence	supervised learning	machine learning	endoscope	software	computer	robot	neural network	machine learning	endoscope	software	robot	computer	machine learning	random forest	neural network	artificial intelligence	support vector machine
0	0	0	0	0	5	0	0	0	0	0	0	0	0	0	0	0	0
0	0	0	0	0	13	2	0	0	0	0	0	0	0	0	0	0	0
0	0	0	0	0	0	0	0	0	0	14	0	0	0	0	0	0	0
0	0	0	0	114	4	8	0	0	0	36	0	3	0	0	0	1	0
0	0	0	0	5	0	5	0	0	0	0	0	3	0	0	0	0	0
0	0	0	0	51	22	22	7	0	0	156	108	101	109	0	0	0	0
0	0	0	0	117	29	25	33	0	0	110	85	16	11	0	0	0	0
0	0	0	0	0	0	0	0	0	0	12	3	16	0	0	0	0	0
0	0	0	0	135	37	18	0	0	0	97	11	8	2	0	0	0	0
6	0	0	0	8	6	0	0	0	0	33	18	21	10	0	0	0	0
0	0	0	0	10	18	3	0	0	0	14	4	19	3	0	0	0	0
0	0	0	0	2	9	23	0	0	0	0	0	5	0	0	0	0	0
0	0	0	0	6	5	0	3	0	0	0	2	1	0	0	0	0	0
0	0	0	0	5	6	6	0	0	0	50	3	8	0	0	0	0	0
0	0	0	0	6	7	7	0	0	0	18	18	3	12	0	1	0	0
0	0	0	0	13	0	0	0	0	0	0	0	3	0	0	0	0	0
0	0	0	0	0	0	0	0	0	0	0	0	0	0	0	0	0	0
0	0	0	0	0	0	0	0	0	0	0	0	12	0	0	0	3	0
0	0	0	0	5	0	0	0	0	0	14	0	0	0	0	0	0	0
0	0	0	0	8	0	7	0	0	0	0	1	4	3	3	0	4	0
0	0	0	0	591	9	7	0	0	0	433	26	18	5	0	0	0	0
0	0	0	0	18	0	0	0	0	0	0	0	0	0	0	0	0	0
0	0	0	0	5	0	0	0	0	0	15	0	0	0	0	0	0	0
0	0	0	0	0	0	0	0	0	0	0	0	0	0	0	0	0	0
0	0	0	0	66	20	6	9	0	0	77	27	28	15	0	0	0	0
0	0	0	0	43	61	47	18	0	3	41	74	362	50	5	10	0	5	0
0	0	0	0	0	0	0	0	0	0	5	0	0	0	0	0	0	0
0	0	0	0	0	0	0	0	0	0	0	0	9	5	0	0	0	0
0	0	0	0	0	0	2	0	0	0	0	0	0	0	0	0	0	0

precise location	51	30	33	40	11	5	0	0	0	0	0	3	0	1	0
roll	91	78	60	60	6	0	0	0	0	0	0	0	0	0	0
tactile	35	70	95	55	0	0	2	0	0	0	0	0	3	0	0
touch	95	184	167	147	0	0	0	0	0	0	0	0	0	0	0
grasper	35	0	20	21	30	0	0	0	0	0	0	0	0	0	0
grip	45	20	33	61	8	5	0	0	0	0	0	0	0	0	0
slippage	319	87	40	55	0	3	3	0	0	0	0	0	0	0	0
tremor	560	271	207	372	0	5	5	0	0	0	0	0	7	0	0
sensor	116	66	83	66	0	5	0	0	0	0	0	0	1	4	0
force sensor	0	10	0	9	0	0	0	0	0	0	0	0	0	0	0
image	4,076	2,521	3,786	4,300	306	266	203	7	12	0	0	146	127	73	19
video	859	665	841	929	211	35	24	5	0	0	0	170	0	2	0
three-dimensional	609	343	149	56	54	79	43	0	0	0	0	36	17	5	0
image-guidance	85	30	34	41	0	20	0	0	0	0	0	0	3	0	0
decision making	150	237	440	771	0	2	0	0	0	0	0	0	0	0	0
force feedback	5	24	0	0	5	5	5	0	0	0	0	0	0	0	0
visual feedback	0	0	25	15	0	0	0	0	0	0	0	0	0	0	0
haptic feedback	0	0	5	31	0	0	0	0	0	0	0	0	0	0	0
cost	815	416	1,372	3,212	40	20	13	0	0	0	0	21	4	3	2
cost effectiveness	63	25	73	62	10	0	0	0	0	0	0	0	0	0	0
low cost	10	25	55	65	5	2	0	0	0	0	0	0	0	0	0
intelligence	128	126	209	66	0	0	0	0	0	0	0	6	0	5	0
Telemedicine	0	0	33	10	0	0	0	0	0	0	0	0	0	0	0

cise location」も「random forest」と2件共起している。また，1996～2002年の時点で，すでに「accuracy」と「neural network」は35件の共起関係がみられたのである。

さらに興味深いのは，「accuracy」は「robot」との共起関係が極めて強くなっていることである。すでに1996～2002年に10件みられたが，2008～2012年に18件，2013～2017年には362件に著増している。手術ロボットの動作に求められる最大の要件は，正確さのようである。

もう1つの興味深い事実は「cost」の著増であり，4期間に815→416→1372→3212件へと著増している。「low cost」も第1期の10件から第4期の65件に増加している。手術ロボットとの共起関係に限定してみても，

第4章　テキストマイニングに基づく手術ロボット研究の動向分析　　137

0	0	0	0	5	5	0	0	0	0	0	0	0	0	2	0	0	0
0	0	0	0	0	0	0	0	0	0	0	0	0	0	0	0	0	0
0	0	0	0	7	0	2	0	0	0	10	0	2	3	0	0	0	0
0	0	0	0	0	0	2	0	0	0	0	7	9	1	0	0	0	0
0	0	0	0	14	0	0	0	0	0	14	0	0	0	0	0	0	0
0	0	0	0	0	0	0	0	0	0	0	0	0	0	0	0	0	0
5	0	0	0	0	0	0	0	0	0	10	8	2	0	0	0	0	0
0	0	0	0	0	7	13	2	0	0	13	0	1	2	0	0	0	0
0	0	0	0	0	0	0	0	0	0	0	0	0	0	0	0	0	0
0	0	0	0	141	201	77	13	0	0	297	173	112	108	8	0	0	0
0	0	0	0	124	5	10	0	0	0	157	8	17	8	0	0	0	0
0	0	0	0	5	14	14	0	0	0	8	8	0	6	0	0	0	0
0	0	0	0	0	9	5	5	0	0	6	0	0	0	0	0	0	0
3	0	0	0	0	5	0	0	0	0	9	3	4	0	0	0	0	0
0	0	0	0	0	0	0	0	0	0	0	0	0	0	0	0	0	0
0	0	0	0	5	3	3	5	0	0	0	0	0	0	0	0	0	0
0	0	0	0	0	0	2	0	0	0	0	3	9	0	0	0	0	0
0	0	0	0	28	13	21	0	0	0	64	42	34	18	0	0	0	0
0	0	0	0	0	0	0	0	0	0	0	0	0	0	0	0	0	0
0	0	0	0	4	0	0	0	0	0	5	0	0	0	0	0	0	0
0	8	0	0	0	0	0	0	0	0	0	5	0	0	0	0	3	0
0	0	0	0	0	0	4	0	0	0	0	4	0	0	0	0	0	0

　第3期に「cost」が増加している。すなわち「cost」と「robot」「endoscope」との共起件数をみると，2013～2017年にそれぞれ34件，64件と大変大きい。このことは，手術ロボットの導入が高コスト医療につながりがちであり，このことが先進国に共通する医療コスト削減要求とが矛盾していることを反映していると推測される。手術ロボットの機能を高め，低侵襲性や正確性などを実現するためには，コスト上昇につながるという現実を示唆しているのかもしれない[2]。

2　従来の鉗子セットに比して，内視鏡を用いた鉗子セットのコストは10倍になり，手術ロボットにすると30倍になるという報告もある（稲木, 2008）。

第6節　アソシエーション分析による知識の精緻化

6-1　アソシエーション分析

　前節までに，単語の出現件数の時系列変化および語と語との共起件数に基づいて，脳神経外科医療の要素技術や機能の全体像を描き，人工知能や手術ロボットの浸透・普及が未だ十分に進んでいない現実をみた。しかし，テキストマイニングに求められるのは，トピックをさらに絞り込んで深い知識を得ることである。この知識を獲得する手法を明示するために，以下ではトピックとして脳神経外科手術に求められる触覚技術を取り上げる。

　触覚技術を取り上げる理由は，それが外科手術へのIT導入，とりわけ手術ロボット導入にとって最も重要な技術の1つだからである。手術では，術者は臓器をつかみ固定する必要があるが，臓器は柔らかいためにつかまれることによってさまざまな形に変形する。強くつかめばそれを固定できても損傷のリスクがあり，弱くつかむと固定できない。つかみながらその状態をフィードバックさせて，つかむ力を適切に変えていく極めて複雑で困難な作業が必要である。この難しさが，手術ロボットの導入を困難にしている1つの理由である。

　このような触覚技術の重要さゆえに，この困難を克服するための技術は手術ロボットの普及に必須であり，その克服のために人工知能が役立つと予想される。したがって，触覚技術，ロボット，人工知能の関連をみることは極めて重要なテーマである。

　トピックを深く掘り下げるための手法として，第2章では5文から成るTBを作成して，構文解析や文脈の類似性を発見して利用する手法について論じた。本章では，アソシエーション分析を利用する手法について論じる。

　アソシエーション分析のリフト値は，全体集合におけるあるカテゴリーAの出現割合と，別のカテゴリーBを基準として抽出された部分集合におけるカテゴリーAの出現割合との比をみたものである。この比の大きさが，カテゴリーAとBの類似性の指標となる。

語と語の類似性を知るうえで，リフト値は有力な指標となる。なぜなら，テキストマイニングにおいては，クラスター分析やコレスポンデンス分析などの多変量解析が適用される場合が多いのであるが，構造化されていない自然言語から作成される共起行列の成分の大多数は0である（いわゆる疎な（sparse）行列）。この行列に多変量解析を適用すると，0が意味を有してしまう場合が多い。これに対して，アソシエーション分析は2つのカテゴリー間の関係のみをみるので，このような問題は生じない。この理由から，アソシエーション分析はテキストマイニング分析の有力な武器の1つとなる。

本章では，リフト値を補正したIBMのテキストマイニングツールであるIBM WCAの「相関値（correlation value）」に基づいて分析する。WCAは，A，Bを2つの文書集合，Dを全文書集合とするとき，相関値とはBがAを含む集合に現われる割合と，Bが全体集合に現われる割合との比をとったものであり，意味的にはAとBの自己相互情報量（Pointwise Mutual Information：PMI）と同等であるとしている。

ただし，リフト値から語と語との類似性を評価する際には注意が必要である。一般に，2つの語についてのリフト値が1を超えれば，2つの語の関係（共起性）は強く，1未満であれば弱いと見なされる。しかし，上述のように，自然言語の語と語の共起関係に基づいて作成される行列の大部分の成分は0である。したがって，2つの語のリフト値が1以下であっても，多数の0に比べれば関係性は存在すると見なされるべきである。この意味を分かりやすく述べるために，「tactile feedback」という語の場合をみてみる。「Neurosurgical Focus」誌の中で，「tactile feedback」と共起関係にある一般名詞は，「surgeon」「tumor」「navigation」など171種類である。そのうち，「tactile feedback」と「screw」との相関値は17.8であり，「tactile feedback」と「navigation」とのそれは0.1であった。一般に，1よりも大きい「screw」は「tactile feedback」との関連性が強く，1よりも小さい「navigation」は関連性が弱いと評価される。しかし，「Neurosurgical Focus」誌に出現する一般名詞の正確な種類数は分からないが，数万種類に達することは間違いない。171種類の語以外の大部分の語は，「tactile feedback」と共起関係がないのである。「navigation」の相

関値は1以下であるので,「screw」に比べれば関連性は弱いが,171種類の語以外の数万種類の語と比べれば,「navigation」は「tactile feedback」との関連性は強いということになる。したがって,疎な行列を特徴とするテキストマイニングから得られるデータの場合には,1を基準として関連性が強いか弱いかを判断すべきではなく,0に近くても数万件に及ぶ他の大部分の関係の語に比べれば類似性が強いと見なされるべきである。

また,本節では語と語の関係をネットワーク図として描くが,多くのフリーや有料のマイニングツールには,語の出現件数や共起関係の強さなどを基準として,自動的に語が抽出するアルゴリズムが実装されている(大澤,2006など)。しかし,本章では,あえてこのようなアプローチを取らない。個々の注目語を単にアルゴリズムのみに依存するのではなく,専門知識(背景知識)と分析目的に基づいて,人為的に適切にフィルタリングすることによってリンクを伸ばしていき,語のネットワークを作成するという手法を用いた。その理由は,単にアルゴリズムのみに依存してノードとリンクを作成すれば,現状では無意味な語が多数抽出され,重要な語が排除されてしまい,正しい意味を表現することが難しい場合が多いからであり,とりわけピンポイントフォーカス型テキストマイニングにおいては,このことが必要な知識の獲得の妨げになっているからである。

6-2 触覚技術と人工知能・ロボットの関係

以上を踏まえて,触覚技術に関する技術を選び,それが人工知能や手術ロボットとどう関係しているかをみる。また,ここでは「Neurosurgical Focus」誌の2013～2017年に限定してマイニングした。その理由は,手術ロボットが人工知能を取り入れ始めたのが2010年代になってからだからである。

まず,触覚技術を体現している語として,「tactile」「tactile feedback」「haptic feedback」「force sensor」を選ぶ。触覚技術が人工知能にどれだけ依存しているか,手術ロボットの普及にどれだけ貢献しているかを知るためには,触覚技術関連語とロボット・人工知能関連語の共起件数および相関値をみればよい。したがって,ロボット・人工知能関連語として「robot」「artificial intelligence」「machine learning」「neural network」「random forest」を選んで，出現件数と相関値をみた．

それによると，「robot」と「haptic feedback」「tactile feedback」との共起出現件数と相関値は，それぞれ9件（44.5），3件（1.8）であった．触覚技術の進歩が，フィードバック制御技術に大きく依存していることが理解される．これに対して，触覚関連語と人工知能関連語との共起関係は全くみられない．人工知能が触覚技術の向上に貢献する段階には，未だ至っていないという解釈ができるかもしれない．

しかし，人工知能が触覚技術の向上と全く無関係とは思えない．水面下で，人工知能の利用に向けた研究が進んでいると考えるのが正しいであろう．このような水面下の動きを発見するのが，ピンポイントフォーカス型テキストマイニング手法の課題の1つである．

目立たない小さな動きは，別の語を介した間接的関係に反映されている可能性がある．言い換えれば，語と語との関係は，二項関係で捉えるアソシエーション分析では捉えられない場合も多い．例えば，「tactile feedback」「haptic feedback」と強く関係している「robot」は，「artificial intelligence」「machine learning」と，それぞれ9件（43.4），4件（6.0）の共起がみられる．ロボットの触覚情報のフィードバック制御に，人工知能が利用される研究が進んでいる可能性があることを読み取ることができる．

さらに，触覚技術，手術ロボット，人工知能のそれぞれと共起している語を抽出すると，「accuracy」「precision」のような正確性を体現する語との共起関係が強いことが分かる．このことから，手術の正確さにとって，触覚技術を持つ手術ロボットに人工知能が貢献し得る可能性があるという推測が可能になろう．

さらに，画像処理技術を体現する語としての「image」も，共起出現件数が多い．例えば，「tactile」「haptic feedback」が「fluoroscopy」と関係しており，「tactile feedback」が「image」「fluoroscopy」と共起しているように，触覚技術と画像技術との関係は強い．このことは，触覚技術の限界を画像情報で補っている場合が多いという現実を物語っている．例えば，da Vinciも触覚機能は

有しておらず，術者が画像で臓器の形状や色などを見ながら，臓器の変形や弾力などの触覚情報を得ている（杉本 et al., 2015）。

また，「landmark」も出現件数が多く，触覚関連語としての「tactile」「tactile feedback」「image guidance」という画像関連語，「accuracy」「accurate placement」という正確さを体現した語と強く共起していることは，解剖学的な目印を触覚技術と視覚技術が補完し合いながら認識する仕組みの重要性を物語っていると解釈できる。

また，「image」が「machine learning」と79件（1.7）共起していることは，機械学習を用いた画像技術がロボットの触覚技術の向上に寄与し得る可能性を示している。実際，機械学習の延長上にある深層学習が，画像認識の精度を急速に高めつつあることは周知であり，これが触覚技術の補完に役立ち得ることを示唆している。したがって，触覚技術と人工知能は，画像処理関連の技術を介して間接的に関連している可能性がある。

また，「experience」「knowledge」は触覚関連の技術との相関値が大きく，また「accuracy」との関連も強い。このことは触覚が重要な役割を持つ手術は，術者の経験と知識が必要とされることを示唆しており，また正確な手術にとって経験と知識の積み重ねが必要であることを示唆している。

興味深いのは，「preoperative」「intraoperative」の違いである。単出現件数は前者が多いが，共起関係をみると，「preoperative」が「neural network」「random forest」という人工知能関連語，および「precision location」「accuracy」「image」という5つの語と関係している。これに対して，「intraoperative」は「random forest」「machine learning」という人工知能関連語をはじめ，「robot」「accuracy」「accurate placement」「image」「image guidance」「tactile」という8語と関係している。これだけの結果では，術前，術中のどちらで人工知能の導入が必要と理解されているかを読み取ることはできない。さらに掘り下げた分析が必要である。次節で論じる。

以上を図で示すと，図4-2が得られる。「accuracy」は件数も多く，最も多数の語との共起しており，ネットワーク全体のハブ的な位置にあることが分かる。

第4章 テキストマイニングに基づく手術ロボット研究の動向分析　　143

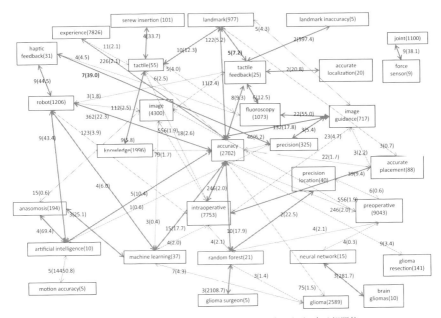

(注)　各語の(　)内は語の出現頻度。リンクの数字は出現頻度，(　)内は相関値。

●図4-2●触覚技術から見た手術ロボット技術の連関(1)

このように語と語の関係をみることによって，テキストマイニングから得られる知識の精度を高めることができる。

第7節　構文解析

7-1　元データから獲得できなかった知識

前節でみたように，アソシエーション分析を利用し，さらにそれを語と語の間接的なつながりも含めて適用することによって，目立たない予兆や動向を発見できる可能性があることが分かった。しかし，未だマイニング対象としたオリジナルテキストデータが持っている豊かな知識を引き出すにはほど遠い。さらに精緻で豊かな知識を獲得するための工夫が求められる。

単なる共起関係の分析から得られる知識は，元のテキストが含んでいる知識

の豊かに比して極めて小さいものでしかないことを例示するために，触覚技術について叙述した以下の5つのTBを選んでみてみよう。

TB事例1

"B: Close-up of the edge reveals the gently curved blades that are useful in many surgical maneuvers. C: A close-up of the shaft reveals the commonly found studs to assist in handling. Primary use of the Freer elevator was intended to involve submucosal dissection within the nasal cavity. In addition, the shape of the instrument lends itself to palpation of bony landmarks, like the posterior lacrimal crest, through a limited opening. In this manner it serves to extend the tactile sensorium of the surgeon."

TB事例2

"Nevertheless, it is important to recognize that vascular encasement can also preclude total removal during a transcranial approach as well. Another criticism of the endoscopic approach is the lack of stereoscopic vision that is afforded by the microscope. However, with increased experience, knowledge of the endoscopic anatomy, dynamic mobilization of the endoscope, and integration of tactile and visuospatial cues, a sense of depth perception can be acquired. The advent of 3D endoscopes (Visionsense, Ltd.) has now greatly enhanced the subjective depth perception for the operating surgeon."

TB事例3

"Virtual reality (VR) refers to artificially generated environments for user perception and interaction. In contrast, augmented reality (AR) is aprojection of computer-generated virtual components onto the user's real surroundings. Both have been used for surgical training in a variety of disciplines, as either a supplement to or a replacement of traditional cadaver or animal models. Modern advances in haptics - the simulation of tactile sensations - have contributed to the quality of virtual and augmented experiences. In this review, we will briefly describe the history and current trends of robotic systems and VR/AR platforms in neurosurgery."

TB事例4

"In addition to these systems, more recent 32-slice mobile intraoperative CT scan platforms that can be integrated with navigation systems for use in spinal navigation have been released and include the Airo (BrainLAB) and BodyTom (NeuroLogica Corp.). The benefits of spinal navigation have been described in minimally invasive surgical procedures, as well as in the treatment of complex deformities, tumor, and trauma of the spine when the anatomy is distorted and visual and tactile landmarks are not readily available to the spine surgeon.15 Literature Review and Author Experience. For this review, a PubMed-based literature search was performed to identify any published studies regarding the errors, technical pitfalls, and complications when using spinal navigation pedicle-screw insertions in the cervical and thoracolumbar spine."

TB事例5

"The endoscopic endonasal technique requires a longer learning curve and experience in collaborating with otolaryngologists. The lack of depth perception with 2D endoscopes may be more evident in less experienced endoscopic surgeons. Thus, the use of 3D endoscopes may speed up the learning curve. However, in our opinion, current 3D-endoscope technology does not surpass the picture quality and color clarity of current 2D high-definition endoscope systems. The lack of 3D depth perception can be readily overcome with dynamic movement of the 2D endoscope and by using tactile anatomical cues."

以上のTBを読めば，以下のような知識が得られるであろう。

TB事例1「緩やかに湾曲した刃のような器具の形状の工夫が，骨性指標の触診などの際に，術者の触覚を高めるのに役立つ。」

TB事例2「術者の経験の蓄積，内視鏡の構造に関する知識増加，内視鏡の動的な動きの向上，触覚と視覚の統合の推進とともに，奥行知覚の獲得が可能になり，とりわけ3D内視鏡が奥行き知覚を高めるのに役立つ。」

TB事例3「触覚技術の進歩は，外科的訓練に使用されるVR／ARの進歩に貢献している。」

TB事例4「脊椎手術に用いられる32スライスモバイルCTは，触覚・視覚ランドマークが利用できないケースでも，低侵襲性を実現できる。」

TB事例5「内視鏡内鼻技術は耳鼻科医と協力の経験が必要である。2D内視鏡は深度知覚が欠如しているが，高精細画像と動作性向上と触覚を持たせることによって，3D内視鏡に劣らない性能を持ち得る。」

このような詳しい知識は，テキストを形態素解析し，形態素（または語）の共起関係の強さを多変量解析やアソシエーションルールによって分析しても得られない。例えば，TB事例2の語の共起分析をすれば，「endoscope」と「surgeon」が共起していることから，「外科医が内視鏡を利用する」「新しい内視

鏡は外科医に新たなトレーニングを求める」，あるいは2つの語は全く無関係など，さまざまな推測が可能である．しかし，そのうちのどれが正しい意味なのかを判断することは，共起情報のみでは難しい．

同様に，TB事例1では，「blade」や「instrument」が「landmark」と共起していることから，「機器が解剖学におけるランドマークの認識に役立つ」という意味を導き出せるが，知識の精度がこの水準にとどまっていれば，元の意味にはほど遠い．「gently curved blades」「shape of instruments」と「palpation of landmark」という複合語や前置詞で結びつけられた句の共起関係として捉えられて，元の意味に近づくことができる．したがって，形容詞，副詞，名詞の修飾－被修飾関係を捉えるアルゴリズムが必要になる．

また，TB事例5では，「experience」という語が出現しているので，術者の資質向上には経験の積み重ねが重要であることは推測できるが，しかし，いったいどのような経験が必要なのかは分からない．「experience」という語が切り出されるのではなく，「experience in collaborating with otolaryngologists」という句が切り出されることによって，正しい意味が理解される．

さらに，TB事例4では，「intraoperative」と「invasive」との共起関係が発見されたとしても，その真の意味からはほど遠い．「32 slice mobile intraoperative CT scan platforms」という複合語と「minimally invasive surgical procedures」という複合語との共起関係として捉えられることによって，32スライスのモバイルCTスキャンが低侵襲手術可能とするという意味が理解される．

主語と動詞についても同様である．TB事例3では，「contribute」が多くの語と共起しているので，「動物モデルに貢献できる」「動物モデルが貢献できるのか」「ロボットシステムに貢献できる」等々，さまざまな推測が可能であり，そのうちのどれが正しいのか分からない．「contribute」の係り受け関係を理解することによって，VR／AR経験の質向上に貢献できるという正しい意味を理解できる．したがって，主語と動詞の関係を知る必要があるが，TB事例3の場合であれば，「contributed to」の前後関係から，触覚技術の進歩がVR／ARの向上に貢献するという係り受け関係を構文解析ツールが正しく理解することはさほど難しくないであろう．しかし，実質的に主語と見なされるべき

語と，実質的に動詞と見なされるべき語が，同一の文の中に出現しない場合も多い。例えば，TB事例4の本質的な意味を理解するためには，「32 slice mobile intraoperative CT scan platforms」が実質的な主語であり，次の文の中に出現する「have been described」が実質的な動詞として捉えられる必要がある。

7-2　4および8単語TBによる知識獲得

　以上のように，単語の単出現件数や共起出現件数により得られる知識と，元のテキストそのものを人が読み，構文を正しく理解することによって得られる知識との間のギャップは大きい。構文解析ツールが未熟であればあるほど，このギャップは大きくなる。このギャップを埋めるために，構文解析ツールが係り受け関係を正しく理解する必要がある。単なる共起関係の分析を超えて，曖昧で多義的な自然言語から，複合名詞，形容詞と名詞との修飾関係，前置詞で結びつけられた句，主語と動詞との係り受け関係などの構文を理解することなしには，元のテキストが有している豊かで深い意味を読み取ることは難しい。しかし，現在の自然言語処理技術では，修飾－被修飾関係，主語－述語関係，前置詞や接続詞で結びつけられた「複合語」や「句」の意味的関連などの構文構造を十分に正しく理解することはできないというのが実情である。正しく構文を理解するためには，最終的に人がテキストデータそのものを読む以外にない。

　とはいえ，構文解析ツールのアルゴリズムに基づいて構文を発見することが無意味かというと，決してそうではない。テキストマイニングには，代えがたい大きい利点がある。人が読めないほどの膨大なテキストの中から，知識を得るという利点である。

　したがって，人の強みとコンピュータの強みを組み合わせ，互いの弱点を補い合う作業が求められる。すなわち，人手では読みきれないほどの大量のテキストを対象とする必要がある場合には，現在の構文解析ツールを利用し，その解析結果をベースとしたうえで，人が実際に読むことによって，意味を取りこぼしなく正確に理解することができる。そのためには，構文解析ツールによる構文発見の精度を少しでも向上させるように，また人が元のテキストを読んで構文を発見する作業を簡素化にするように，データそのものの適切な前処理が

求められる。その手法の1つとして，本章ではテキストを少数の単語ごとに切り分けていくという手法を試みる。すなわち，本章では5つの文ごとにTBを作成したが，ここではさらに進めて単語ごとに切り分けTBを作成する（単語TB）。もちろん，単語TBの最適な単語数は抽出する構文次第で違ってくるであろう。例えば，複合語や修飾－被修飾関係はサイズの小さい単語数から成る単語TBの内部で発見できる確率が大きいと予想される。しかし，主語と述語の関係はサイズの小さい単語TBの内部に完結して発見される確率は低くなるので，このサイズを大きくする必要がある。そのために，以下では4単語および8単語から成る単語TBを試みる。

単語TBから構文を発見するための事例として，図4-2では得られなかった知識を得るという場合を取り上げる。そのために，「Neurosurgical Focus」誌の5文単位の全TBの中から「tactile」を含んでいる255のTBを抽出し，それを4単語および8単語から成る単語TBを作成した。そうすると，4語単位の単語TB 50,227件，8語単位の単語TB 50,233件が得られた。

7-3　知識の精緻化(1)　複合名詞

まず複合名詞の発見による，知識の精緻化からみていく。

図4-2は，「accuracy」「image」が重要であることを示していた。しかし，同図からは，どのような正確さ，どのような画像技術が重要なのかについては分からない。これを知るためには，「accuracy」「image」を含んでいる複合名詞を発見し，その出現件数をみる必要がある。

したがって，IBM WCAを用いて「accuracy」「image」を含む複合名詞をみると，2013～2017年に限定しても，例えば「MEG accuracy」「screw position accuracy assessment」や「multimodality image fusion」「multimodality image data」「image distortion」「image analysis software」など，それぞれ数百件の複合名詞が抽出される。この複合名詞から，例えば脳磁場計測装置の画像の正確さ，ネジ位置精度の評価などの重要性，複数の異なる医療画像データの一元的な管理・閲覧，画像ゆがみの補正などの重要性が述べられていると推測できる。

このように，構文解析ツールは複合名詞をかなり的確に抽出できる．形態素の抽出において，名詞が連続している限りは1つの名詞として捉えることは比較的容易であることがその理由である．

しかし，すべての複合名詞を構文解析ツールで抽出できるわけではない．このような場合には，4単語TBや8単語TBなどを利用し，その中に「accuracy」「image」という語を含む単語TBから発見できる確率が高まると期待される．このように，アルゴリズムの限界を人が補完し，複合語を発見することによってテキストマイニングから得られる知識を精緻化することが可能になる．

さらに，発見された複合名詞を，図4-2の触覚関連語，手術ロボットおよび人工知能関連語とどのように共起しているかをみることによって，図4-2の意味を一層深めることができるであろう．

7-4　知識の精緻化(2)　句

テキストの原文に含まれている知識に近い知識を得るうえで，複合名詞以上に重要なのは，①係り受け関係で結びつけられた形容詞と名詞から成る句，②助詞・前置詞で結びつけられた句である．そしてまた，アルゴリズムによって自動的に獲得することが複合名詞以上に難しいのが，形容詞を含む句であり，またそれ以上に難しいのが助詞・前置詞で結びつけられた句である．

まず，図4-2から重要性が確認された「experience」「knowledge」「preoperative」「intraoperative」を含む形容詞-名詞の係り受け関係を含む句を，WCAによって抽出する．そうすると，「surgical experience」「long experience」「past experience」「troublesome experience」「morphologic knowledge」「anatomic knowledge」「preoperative chemotherap」「preoperative plan」「preoperative CT angiogram」「intraoperative image」「intraoperative decision making」「intraoperative modification」「intraoperative judgment」「intraoperative stereotactic navigation」「intraoperative CT navigation」など，多数の形容詞-名詞句が抽出される．

形容詞-名詞句についても，ツールによってほぼ的確に抽出される．ただ，すべてが抽出できるわけではない．例えば，抽出できなかった「synchronizing preoperative imaging studies」「experienced thermal sensations」のような句は，4単語TBを人が目で読むことによって発見しなければならない。

このようにして抽出される句から，「経験」としては長い外科手術の経験や難しい経験，温度感覚の経験を積むこと，「知識」としては解剖学や形態学の知識が重要であることなど，多くの推測が可能になる。また，手術前に求められる技術は血管造影など画像などを用いる正確な精密検査・診断，手術計画，術前化学療法に関するものであることなどの推測が可能となる。これに対して，術中については，ナビゲーション関連の語の重要性が理解される。

形容詞－名詞句から得られる知識として興味深いのは，「decision making」「judgement」「modification」を含む句と「intraoperative」との係り受け関係の存在である。この係り受け関係が存在することから，手術中にさまざまな予期せざる状況の変化にリアルタイムで対応するための修正，意思決定，判断が重要であることが理解され，それに必要な情報処理の重要性が理解される。ここから1つの重要な論点が生まれる。すなわち，術中の予測できない状況変化へのリアルタイムの対応・判断・意思決定のような定型化されない複雑な治療行為に，現状の知的なソフトウェアがどれだけ現在利用されているか，将来の利用可能性があるかということである。これを知るためには，これらの語と人工知能やソフトウェアとの共起関係をみることが役立つと思われる。さらに，この論点にとどまらず，図4－2では「preoperative」「intraoperative」を比較すると，前者よりも後者のほうが触覚や人工知能関連語との関係が若干大きかったが，これを句でみることによって，さらに詳しく知ることができるはずである。したがって，これを見ると，以下のとおりであった。

まず，「preoperative」を含む形容詞－名詞句としては，「preoperative identification」が「random forest」と56.3（相関値）の共起がみられる。これに対して，「intraoperative」を含む形容詞－名詞句と人工知能関連語との共起はみられない。人工知能の導入は水面下で少しずつ進んでいるのかもしれないが，目立った形では進んでいないことが分かる。とりわけ，「intraoperative decision making」「intraoperative modification」「intraoperative judgment」という句が出現しながら，それが人工知能関連の語と関係していないことは，術中

の意思決定や判断など正確さや高い信頼性を求められる治療行為を人工知能に委ねることは容易ではないことを示唆しているのかもしれない。

　しかし，将来的には，このような術中のさまざまな意思決定や柔軟な対応に人工知能を導入することに意義があることは間違いなかろう。そのために，水面下で取り組みが進められていると想像される。したがって，これらの句と「software」との共起関係をみると，「intraoperative modification」が「software」と共起している。将来的な可能性を示唆していると解釈できよう。

　このマイニング結果から，次のマイニング課題が生まれる。リアルタイムの判断や修正のような難解な作業には，現状のソフトウェアや人工知能を利用することの限界の克服のために，どのような技術の進歩が必要か，そのためのアイデアはどこにあるかの発見がテキストマイニングに求められることになる。

　3つの句以外の句と「software」との共起関係をみてみると，以下であった。まず，「preoperative」を含む複合語は19件あり，「intraoperative」を含む複合語は13件であった。ソフトウェアとの親和性が大きく，したがっておそらく将来の人工知能の導入が進みそうなのは，術前の技術であることを示唆しているのかもしれない。さらに興味深いのは，「preoperative」を含む複合語のうち，「scan」「MRI」「CT」などの画像関連語を含む句は7件でしかなく，他は「tumor volume」「plan」「planning」「Cobb angle」「diagnosis」「Nurick grade」「risk straitification」などの多様な語を含んでいるのにし対して，「intraoperative」を含む複合語の場合は画像関連の語を含む句が9件にも達し，残りは「navigation」「neuro navigation」「electrocorticography」のみであったことである[3]。術中のように状況が変化し，計画どおりには進まない作業をコンピュータソフトによって対応することは難しく，人工知能の導入にも限界があると解釈でき，したがって手術器具のナビゲーションのような最重要技術のコンピュータ化のための基礎的な研究の必要性が大きいことを物語るものと解釈できる。

　興味深いのは，「intraoperative decision making」「intraoperative judg-

---

3　本章で利用した，筆者のPCの情報処理能力の制約ゆえに，若干の取りこぼしがあり得ることを断っておく。

ment」と「multimodality」に関する語（「multimodal strategy」「multimodal neuronavigation」）とが共起していることである。術中の予期せざる変化に柔軟に対応するためには，触覚情報や視角情報のマルチモーダルな利用が不可欠であることを示唆している。

　次に，形容詞－名詞句から得られる知識以上の精緻な知識を得るために，前置詞で結びつけられた句についてみる。

　WCAを用いて抽出すると，「experience」を含む句としては「as surgeon experience」「on operator experience」「of DBS experience」「experience in collaborating with」「performed in experienced hands」などが，また「knowledge」を含む句としては「as knowledge consumer」「on knowledge base」「on knowledge gap」「knowledge of the endoscopic」「the surgeon's knowledge of」などが得られる。このことから，内視鏡の知識や何かとの協力関係の経験が大切であるらしいことが分かる。しかし，その何かは不明である。すなわち，「as surgeon experience」の前に隣接する語が分からなければ，複合名詞「surgeon experience」以上の深い意味は得られない。得られたほとんどの他の句についても同様である。また，「image」については，「with multimodal image technique」「with MR image」「with stereotactic image guidance」などのように，withを含んだ句が多数抽出される。この結果から，マルチモーダル画像技術を実装した何らかの機器が推測される。また，先進的な何かを実装する画像誘導デバイスや術中CT機能を持つ何らかの機器等の重要性を推測できる。しかし，同様にwithの前に隣接する語が不明であるので，推測にとどまらざるを得ず，それ以上に意味を深めることはできない。それ以外にも，「of image data」「as image data」「after image acquisition」が抽出されるが，同様に「of」「as」「after」に隣接する語が不明であるので，それ以上の意味は分からない。

　このことから分かるように，前置詞で結びつけられた句がより深い意味を表現するためには，前置詞を介して前後の名詞・形容詞が含まれていなければならない。例えば，上述のTB事例5に含まれる「experience in collaborating with otolaryngologists」は，1つの意味の塊として抽出されなければ，その真

の意味は理解できない。しかし，句を構文解析ツールによって抽出することは難しい。しかも，実際の句の多くはさらに長く複雑である。

このように，発見が容易ではない意味の塊としての句を抽出するために，WCAの例で言えばテキストのパターン分析を追求しているように，各構文解析ツールはさまざまなアプローチをしており，その利用が句の抽出の精度を高めるであろう。しかし，現状ではアルゴリズムのみに依存するいかなるアプローチも複雑な自然言語を理解するには限界があり，最終的には人による補完が必要になる。したがって，ここではあえてアルゴリズムに依存するのではなく，人がアルゴリズムの限界を補完するための手法として，4および8単語TBを利用することにした。

例えば，4単語TBを人が直接読むことによって「image-guided device with advanced」「on T2-weighted images」などが抽出でき，単なる複合名詞や形容詞－名詞から成る句よりも具体的で豊かな知識が得られるが，4単語での表現には限界もある。したがって，さらにサイズの大きい8単語TBを用いて「knowledge」「experience」「intraoperative」を含む句を抽出すれば，それぞれ「increased experience, knowledge of the endoscopic anatomy, dynamic」「learning curve and experience in collaborating with otolaryngologists」「image-guided device with advanced navigation functions and haptic」「preoperative MRI is merged with the intraoperative CT」「of acquiring an intraoperative postinstrumentation CT image to」「heterogeneous on T2-weighted images with a fluid-fluid/debris level」「the surgeon's knowledge of the anatomical landmarks, response」「preoperative imaging may preclude total removal and may」「surgeon's knowledge of the anatomical landmarks, response to」「knowledge of the endoscopic anatomy, dynamic mobilization of」などが発見され，これを利用して句を容易に抽出できる。そうすることによって，必要な知識とは内視鏡解剖学であり，経験とは耳鼻咽喉科との協力関係であることが理解される。また，先進的なナビゲーション機能を持つ画像誘導デバイスの重要性が理解される。さらに，術中CTは術前MRIの情報と統合されること，獲得するのは術中CT画像であること，液面形成/デブリを持つT2重

み付けされた画像の不均質性等を読み取ることができ，術前の画像診断次第では患部切除の不十分さが生じかねないことなどの意味が理解される．

次に，「tactile」を含む前置詞で結びつけられる句を見ると，8単語TBから「poor tactile feedback for the surgeon owing to」「with no tactile feedback from the endoscope holder」などが抽出できる．このことから，「何かに起因する外科医のための触覚フィードバック」「内視鏡保持装置からの触覚情報のフィードバック機能を持つ何か」という知識が得られる．しかし，「何か」は分からない．したがって，単語TBのサイズを大きくすれば，「poor tactile feedback for the surgeon owing to osteoporotic bone」「procedure is performed freehand, with no tactile feedback from the endoscope holder」として抽出され，これから骨粗鬆症に起因する触覚情報のフィードバックの不十分さや，内視鏡保持装置からの触覚情報のフィードバックなしに機能し得る手法などの意味が理解される．このように，単語TBのサイズを大きくすることによって，前置詞を含む句は理解しやすくなる．

このようして，形容詞と名詞との係り受け関係だけでなく，「of」「with」「from」「to」などの前置詞で結びつけられた句を見ることは，知識の精度をさらに大きく高める．

7-5　知識の精緻化(3)　主語，動詞，目的語，補語

形容詞－名詞句，前置詞で結びつけられた句として表現されることによって知識の精度は高まるが，主語，動詞，目的語から成る構文を理解すれば，さらにその精度は高まる．しかし，その正確な抽出は，他の係り受け関係以上に難しい．したがって，人が読むことによって発見する度合いが，前置詞を含む句以上に高まる．そのため，人が能率的に発見できるような工夫が必要になる．その工夫の一事例として，触覚技術を取り上げる．上述のように，触覚技術は不十分であり，それを画像技術によって補完していることが分かったので，「tactile」などの触覚に関係する語を含む構文を発見し，意味を理解することを試みる．

まず，WCAから「tactile」を含む主語－動詞の係り受け関係をみると，全

く存在しなかった。

　したがって，「tactile」を含む上述のTB255件を4単語および8単語TBに分割し，その中から主語−動詞等の係り受け関係を，人が目で読んで発見するという手法を試みた．しかし，形容詞−名詞句などとは異なり，主語，動詞，さらに目的語，補語を4単語TB内部はいうまでもなく，8単語TBの内部に完結した形で存在する場合も少ない．それどころか，1つの文の内部で発見することさえ難しいことを，前項でTB事例3を用いて示した．したがって，この係り受け関係を発見するためには，単語TBのサイズを大きくするという方法もあるが，しかしそうすると人が目で読んで直感的に発見することが難しくなる．したがって，まず8単語TB程度のサイズで重要と思われる係り受け関係を発見し，それが真に重要であれば，単語TBサイズを少しずつ大きくすることによってその係り受け関係を完成させて，真の意味を理解できるようにすることとした．

　8単語TBの中で重要と思われそうなものは以下であった．

　「tactile landmarks are not readily available to the」「Tactile feedback plays an important role in the」「reduced tactile feedback made it hard to tell」「tactile sensations have contributed to the quality of virtual」「tactile feedback felt incorrect and the angled trajectory」「in the clival recess also provides tactile feedback」「tactile feedback to prevent penetration through the cortical」「tactile feedback to prevent penetration through the cortical」「graft material has been delivered based on tactile」「inflation was dependent on tactile and radiographic assessment」「straight line, which provides a good tactile feedback」

　この結果から，「触覚ランドマークは何かに対して容易には利用できない」「触覚情報のフィードバックは何かに重要な役割を果たす」「触覚フィードバック機能の弱さは何かを伝えることを難しくする」「触覚はヴァーチャルな何ものかの質向上に寄与する」などの知識を発見できるが，しかし係り受け関係が完結していないので，「何か」は分からない．

　したがって，単語TBのサイズを大きくすれば，「when the anatomy is distorted and visual and tactile landmarks are not readily available to the spine surgeon」「Tactile feedback plays an important role in the percutaneous cannulation of pedicles」「reduced tactile feedback made it hard to tell whether PMMA might be extruding into the soft tissues of the buttock or pelvis during injection」「simulation of tactile sensations have contributed to the quality of virtual and augmented experiences」「tactile feedback cues from previously violated or weakened bone or dense scarring will mislead the surgeon」などが抽出さる。この結果から，8単語TBでは読み取れず，推測する以外になかった「何か」を理解することが可能になる。

次に，これら主語-動詞を含む句のうち，図4-3に示される3つの句を選び，それが人工知能とどう関係しているかをみてみる。

3つの句は人工知能関連語とは全く共起関係がなく，「software」とも共起していない。しかし，主語-動詞の係り受け関係から成る句を分析目的・視角を変えて多様に抽出すれば，人工知能関連語との関係が発見され，人工知能が脳神経外科手術のうちのどこに利用できるかについての詳しい知識が得られると期待される。

また，3つの句は，画像や正確に関連する「image」「imaging accuracy」「accurate localization」との共起関係が見られる。手術における触覚技術と画

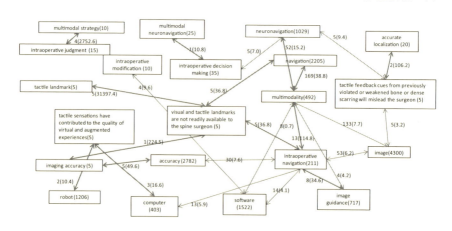

●図4－3●触覚技術から見た手術ロボット技術の連関(2)

像技術との補完関係の重要性などが,あらためて理解される。

　上述の「multimodality」に関連する語(「multimodality」「multimodal neuronavigation」「multimodal strategy」)は,この3つの句と直接関係していないが,「image」「navigation」「neuronavigation」を介して間接的に関係している。触覚技術の弱さを画像技術で補完されるが,そのために術中のマルチモーダル情報処理技術の進化を必要としていることを示唆している。

　本項での以上の分析を図4-2に付加すれば,図4-3のようになる。

第8節　むすび

　構造化されていない自然言語から知識を獲得することは容易ではない。これまでは,自然言語を形態素解析し,形態素あるいは単語の出現頻度とその時系列変化を解析したり,単語の共起出現頻度から単語のつながりを推測して意味を発見する手法が中心であった。さらに最近では,機械学習や深層学習技術の進歩により,確率論的に単語のつながりを発見するという手法が注目されている。その成果は,本書の別の章で論じられている。

　しかし,それだけでは十分ではない。知識の精度を一層高めるためには,語の係り受け関係を発見し,句を切り出す構文解析技術が不可欠である。そうであるにもかかわらず,現状ではコンピュータアルゴリズムのみで多義的な自然言語の係り受け関係を正しく発見することは難しい。今後の進化が待たれるが,当面はアルゴリズムのみに依存することができないとすれば,人がそれを補完することによって正しい係り受け関係を抽出することが求められる。本章では,そのためのアプローチ方法の1つとして,アソシエーションルール分析の利用,5文単位のTBや数語単位の単語TBを提示した。

　本章では,この手法の意義を例示するために,脳神経外科手術において求められる機能や技術は何か,そのためにどのような技術間の密接な相互依存・補完関係が必要かを,特に触覚技術に焦点を当てて解明した。今後,テキストマイニングツールの進化と,その利用方法の工夫の積み重ねによって,さらに豊かな知識が得られるものと期待される。このことが,手術ロボットのような新

しい製品の開発と事業化を促すことになるであろう。

（付記）本章については，Komoda et al., (2019) を併せて参照されたい。

【参考文献】

Komoda, F., Muragaki, Y., Masamune, K. (2019) Text Mining Method for Building New Business Strategies — Forcusing on the Neurosurgical Robot —, in Cantwell, J., Hayashi, T. (ed.), *Paradigm Shift in Technologies and Innovation Systems*, Springer, (forthcoming).

伊関洋・村垣善治・丸山隆志・鈴木孝行・生田聡子・秋元治朗（2009）「医療機器開発と医療機器の医師主導治験」『日レ医誌』30(1), pp.64-67.

稲木紀幸（2008）「新しいメカニズムの多自由度鉗子 Radius Surgical System を用いた内視鏡外科手術」『日本内視鏡外科学会誌』13(6), pp.723-728.

大津良司（2014）「医療ロボット開発を先導するイノベーション・インテグレーターを助けるテキストマイニング」（菰田文男，那須川哲哉編『技術戦略としてのテキストマイニング』中央経済社），pp.163-192.

大西公平（2009）「低侵襲外科手術ロボットの力触覚フィードバック」『コンピュータ外科学会誌』11(2), p.57.

小澤壮治（2009）「手術支援ロボットの研究開発と将来展望」『日本ロボット学会誌』27(3), pp.284-286.

梶田泰一・森健策・林雄一郎・若林俊彦・吉田純（2013）「ナビゲーション脳神経外科手術の現状と展望」『脳神経外科ジャーナル』22(7), pp.510-518.

片岡弘之・正宗賢・佐久間一郎・土肥健純（1999）「脳モデルの調整による術中脳変形の変形形状推定」『コンピュータ外科学会誌』1(1), pp.30-38.

後藤哲哉（2014）．「脳神経外科領域におけるロボット手術の現状」『信州医誌』62(1), pp.68-69.

小林英司・光嶋勲・大西公平（2015）「手術ロボットはヒトの微細な力触覚情報を再現できるか」『Medical Torch』11(1), pp.28-33.

小林英津子・宮本潮・大山国夫（2005）「低侵襲手術支援システム「Naviot」の開発」『日本ロボット学会誌』23(2), pp.168-171.

杉本真樹・志賀淑之・磯部陽・西原佑一・佐田尚宏・遠藤和洋（2015）「手術支援ロボットda Vinci認定資格取得後継続的トレーニング: Virtual Realityと3Dプリンティングによる実物大臓器・体腔実体モデルシミュレーション」『日本コンピュータ外科学会誌』17(2), pp.73-81.

田中克幸・渡辺哲陽・米山猛（home page）「小型医療機器の変形ストレス評価」(http://www.altairhyperworks.jp/html/ja-JP/PDF/AOP/1509_kanazawa.pdf).

鎮西清行（2015）「医療機器国際規格の最近の動向」『医療機器学』85(5), pp.530-534.

中辻隆徳・橋爪誠（2008）「外科医の求めるロボットハンド」『バイオメカニズム学会誌』32(3), pp.125-129.

日本貿易振興会サービス産業部（2018）『米国における医療関連市場動向調査』，日本貿易振興会．

正宗賢・中村亮一・小林英津子・佐久間一郎・土肥健純・伊関洋・高倉公朋（1999）「駆動分離型定位脳手術支援マニピュレータシステム」『コンピュータ外科学会誌』1(1), pp.24-29.

正宗賢・大島研介・長能弘明・栗林聰・中島勧（2003）「低侵襲脊椎外科手術のためのナビゲータロボットシステムおよび操作インタフェースの研究」『総合研究所年報』23, pp.119-124.

村垣善治・伊関洋ら13名（2000）「Open MRIを用いた「Real-Time」Navigationの開発」『コンピュータ外科学会誌』2(3), pp.213-214.

森川康英（2008）「外科医の求めるロボットハンド」『バイオメカニズム学会誌』32(3), pp.130-133.

第5章

機械学習，深層学習，テキストマイニングの融合による知識探索
―地域ブランディングに関する新聞記事の内容分析―

第1節 背景と目的

　今日，テキストデータの多様化と量的拡大にともない，そこから獲得したい知見が多様性していることなどから，テキスト分析に関する技術発展が目覚しい（那須川，2017）。中でも，データを反復学習し，そこに潜むパターンを見つけ出す手法として機械学習や深層学習が注目されている。しかし，期待するような分析結果を出すためには，大量のテキストデータとパラメータの地道で泥臭い調整が不可欠であり，そこには職人芸的な知識や技術が求められる（小林，2017）。筆者は，テキスト分析をマーケティング研究に適用することに関心があるが，収集したテキストデータを単純に機械学習や深層学習のアルゴリズムにかけたとしても，知識探索には到底及ばない。なぜなら，そこから導き出された結果が必ずしも分析者が期待したような内容であるとは限らないだけでなく，その解釈が困難だからである。とりわけ，分野依存型の知識を探索しようとする場合，機械学習や深層学習にかける前段階における形態素解析を適切に行うための辞書構築がことのほか大切となる。

　そこで，本章では，機械学習，深層学習，テキストマイニングのそれぞれ利点を組み合せつつ，段階的に分析することで分析者の意図を反映させた結果を導く方法論の有効性について論じることを目的とする。そのために，本章では，

筆者の関心領域の1つである地域ブランディングに関する新聞記事の内容分析を題材として用いることにしたい。

本章では，次のような手順で論考を進める。第2節では，本章が題材とする分析テキストに関する事前知識として，地域ブランディングの定義と特性について整理するとともに，本章の目的遂行に向けた作業上のリサーチ・クエスチョンを設定する。第3節では，分析方法として，分析対象データの特性，専門用語辞書の整備，トピックモデルを用いた文書トピックの推定，機械学習とテキストマイニングの組み合せによる段階的分析の手順について述べる。第4節では，トピックモデルの分析結果を踏まえ，その意義と限界について述べる。第5節では，機械学習とテキストマイニングの組み合せによる段階的分析の結果を紹介する。第6節では，全体を総括し，今後の課題について論じる。

第2節 事前知識とリサーチ・クエスチョンの設定

2-1 地域ブランディングを取り巻く状況

地域ブランディングは，とりわけ2000年代以降に関心が高まる傾向が続いているものの，マスコミ記者や政策立案者，マーケティング研究者などの間で，関連する諸概念の用語や活動を捉える枠組みについて必ずしも共通認識があるとはいえない（大森，2018-a，2018-b）。例えば，地域ブランドという用語1つをとっても，地域ブランディング，エリア・ブランド，プレイス・ブランディングなどの類似用語が乱立している。また，論者によっては用語を定義することなく用いる者も少なくない。

ここでは，先行研究を踏まえ，以下のように概念を整理する[1]。まず，地域ブランディングとは，地域活性化を目指して，ビジネスにおいて培われたブランドの知識や技法を地域マーケティングに適用する戦略的な活動のことであると定義しておこう。また，ブランドの付与対象は，地域に存在する多様な諸資源であり，それらは地域特産物（農林水産物，加工食品，伝統工芸品）など地域独自の「地域産品」と，地域の歴史・文化・自然・生活・イメージなどが相

乗的に生み出す「地域空間」に二分できる（経済産業省，2004；小林，2016）。地域ブランドの価値は，事業者，事業組合，商工会議所，地方自治体，教育機関，専門家・NPO，市民，顧客といった多様なステークホルダーの間の動的で社会的な相互作用を通じて共創される（電通abic project，2016；Kavaratzis，2009；Kotler et al.,1993；田村，2011）。

　今日，地域ブランディングは展開途上にあり，今後はその一層の発展を目指して本格的な取り組みが期待されるところである。しかし，上述したような概念が渾然一体として議論される傾向があるために，全国各地における地域ブランディングの活動目的，関与主体，活動内容などについて横断的に把握するための枠組みについても共通認識があるとはいえない。このため，地域ブランディングに関する新聞記事を横断的に分析することによって，その特徴を分類・整理し，大きな傾向について把握することが求められよう。

2-2　リサーチ・クエスチョンの設定

　上述したような地域ブランディングを取り巻く状況を踏まえ，本章では，次のような5つのリサーチ・クエスチョン（RQ）を設定する。これらの解明を通じて，本章の目的達成に迫ることにしたい。

　RQ1：地域ブランディングの対象とする地域資源の種類により，テキストを仕分けすることができるか？
　RQ2：地域資源の差異は，活動目的にどのような差異をもたらすか？
　RQ3：地域資源の差異は，活動の関与主体にどのような差異をもたらすか？
　RQ4：地域資源の差異は，活動内容にどのような差異をもたらすか？
　RQ5：それらは，時系列的にどのように変化してきているのか？

1　ビジネス領域におけるブランド論の先行研究を踏まえ，地域ブランディングに関連する用語を以下のように定義する（大森，2018-a）。
　① 地域ブランド要素：特定の地域空間や地域産品を他の地域のそれと異なるものとして識別するための情報コード（名称や言葉，デザイン，シンボル，その他の特徴など）のこと。
　② 地域ブランド・アイデンティティ：地域ブランド戦略策定者が当該地域ブランドをどのように知覚されたいと考えるかというあるべき姿のこと。
　③ 地域ブランディング：地域ブランド要素を選択・統合・伝達することによって特定の地域空間や地域産品を識別・差別化する行為のこと。
　④ 地域ブランド：地域ブランディングの結果，識別・差別化された特定の地域空間や地域産品のこと。

第3節 分析方法

3-1 分析の全体像

本章では，Step 1：分析対象データの特性，Step 2：専門用語（複合語）辞書の整備，Step 3：文書トピックの推定（機械学習），Step 4：深層学習とテキストマイニングの組み合せによる段階的分析の4つのステップで分析を行う（図5-1）。それぞれのステップの詳細内容は，以下で述べる。

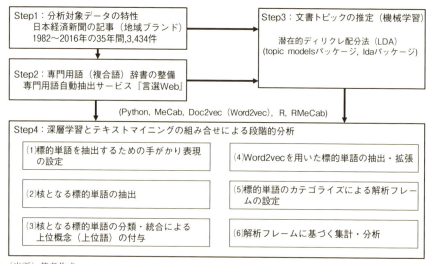

（出所）筆者作成。

●図5-1●分析の全体像

3-2 分析対象データの特性（Step 1）

分析対象データは，地域ブランドに関する日本経済新聞の記事（1982～2016年の35年間における3,434件）である。記事の年別および累積件数の時系列推移（図5-2）を踏まえ，またこの間に公布された関連法を勘案して4つに時期区分した。第1期は，記事の累積件数で約10％に達した1982～2004年とした。

第2期は，記事件数が最も急増し，累積件数で50％に達した2005～2008年とした。この間，地域団体商標制度（2006年），中小企業地域資源活用促進法（2007年），農商工等連携促進法（2008年）などの地域ブランディングを推進する一連の法制度が施行され，その制度紹介・活用関連の記事が急増した。第3期は，累積件数で85％に達した2009～2012年とした。この時期には，六次産業化・地産地消法（2009年）が施行され，活動を後押しした。第4期は，伸びの勢いが沈静化した2013～2016年とした。

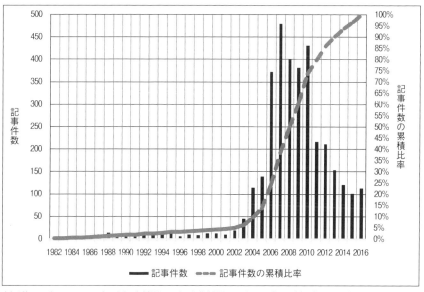

（出所）　日経テレコン（日本経済新聞，日経産業新聞，日経MJ［流通新聞］，日経金融新聞，日経プラスワン，日経マガジン）より筆者作成。

●図5－2●地域ブランディングに関する新聞記事件数

3-3　専門用語（複合語）辞書の整備（Step 2）

本章で用いた機械学習，深層学習，テキストマイニング，さらにはその統計処理のために用いたツールは，Python，MeCab，Doc2vec（Word2vec），R，RMeCabなどである。なお，的確に専門用語（複合語）を抽出するためには，適切な辞書を整備することが不可欠である。筆者は，専門用語（キーワード）

自動抽出サービス「言選Web」[2]を活用して生成した複合語をMeCabのuser辞書として登録した。

3-4 文書トピックの推定手順（Step 3）

　当該テキストに含まれるトピックを推定する手法として、トピックモデルがある（岩田, 2016；奥村, 2015）。トピックモデルにはさまざまな手法があるが、本章では潜在的ディリクレ配分法（LDA：Latent Dirichlet Allocation）を用いる。LDAでは、個々のテキストに複数の潜在的なトピックが含まれており、1つのトピックには複数の特徴的な単語が含まれていると仮定されている（石田, 2017；小林, 2017）。

　本章でこの分析を用いる目的は、分析対象テキストが内包するトピックとその傾向を大づかみに把握し、その意義と限界を見極めることにある。すなわち、RQ1～5の解明にどこまで接近し得るかを見極めるための試論であり、後に実施する機械学習とテキストマイニングの組合せによる段階的分析の事前作業と位置づける。ツールは、Rのtopic modelsパッケージとldaパッケージを用いる。

3-5 深層学習とテキストマイニングの組み合せによる段階的分析の手順（Step 4）

　本分析は、次の6つの手順に沿って進める。

(1) 標的単語を抽出するための手がかり表現の設定

　標的単語とは、筆者が標的とする（抽出したい）単語であり、RQ1～4で示した「地域資源」、「活動目的」、「関与主体」、「活動内容」の4点を具体的に指し示す単語である。また、手がかり表現とは、標的単語を適切かつ効果的に抽出するうえで有効な手がかりとなる表現である（坂地et al., 2008, 2014；鈴木・那須川, 2016；西山, 2014）。紙幅の都合ですべてを示し得ないが、活動目的を抽出する手がかり表現と共起語の例は、**表5-1**を参照されたい。

2　言選Webについては、http://gensen.dl.itc.u-tokyo.ac.jp/gensenweb.htmlを参照されたい。

●表 5 − 1 ●活動目的を抽出する手がかり表現と共起語の例

手がかり表現	共起語の例	手がかり表現	共起語の例
〜を狙う	地域振興	〜に乗り出す	地域おこし
〜を図る	知名度向上	〜に役立てる	街づくり
〜を目指す	地域ブランド形成	〜の強化	販売力
〜を促す	街づくり	〜を生かす	歴史資産
〜を加速する	観光客誘致	〜として生かす	観光資源
〜を強化	売り込み	〜を掘り起こす	名品
〜を高め	信頼	〜の掘り起こし	食文化
〜を期待	知名度向上	〜の発掘	在来作物
〜につながる	販路拡大	〜を活用する	伝統
〜につなげる	販売促進	〜のブランド化	狩猟肉
〜に向け	地域活性化	〜をブランド化する	雪貯蔵野菜
〜に取り組む	誘致		

(出所) 筆者作成。

(2) 核となる標的単語の抽出

手がかり表現を辞書登録し，これらと共起する標的単語を抽出する。ここで「核となる」標的単語と表現しているのは，網羅的な手がかり表現の設定と標的単語の抽出は不可能だからである。むしろ，そうした点にこそ，後述する深層学習（Word2vec）の利点を生かすべきだと考えるからである。

(3) 核となる標的単語の分類・統合による上位概念（上位語）の付与

手がかり表現との共起による核となる標的単語には，多様なものが存在し，重複，類義語，表記のゆれなども存在する。これらを分類・統合し，その上位概念（上位語）を付与する。

(4) Word2vecを用いた標的単語の抽出・拡張

Word2vecは，Mikolov et al. (2013) が提案した，共起する単語が似ていれば，類似した意味の単語であるという仮説に基づき，ニューラルネットワークを用いて単語の意味を学習する手法である。この類義語抽出機能を用いて，上位語の類義語を抽出する。併せて，算出される類似度を用い，標的単語の拡張

を図る。本章では，便宜上，類似度0.5を閾値とした。

(5) 標的単語のカテゴライズによる解析フレームの設定

　抽出・拡張した標的単語をカテゴライズし，リサーチ・クエスチョン（RQ）を解明するための解析フレームを設定する。ここでいう解析フレームとは，解析者の目的・意思・文脈・ロジックを体現したものであり，テキストマイニングによってバラバラにされる単語を秩序づけ，解釈し，意味づけるための枠組み・テンプレートのことである（大森，2015）。これは，分析の出発時における柔らかな構造化（仮説）から，分析を深めるにつれて徐々に精緻化されていく動的な概念である。結果的には，**表5-2**と**表5-3**に示すように整理した。すなわち，地域資源に関しては，地域産品と地域空間に二分される。具体的には，前者には農林水産物，加工食品，工芸品といった上位語にカテゴライズされる標的単語が含まれ，後者には自然資源，歴史資源，文化資源といった上位語にカテゴライズされる標的単語が含まれる。同様に，活動目的は，知名度向上，顧客誘致，販売拡大，地域活性化といった4種類の上位語にカテゴライズされる標的単語が含まれる。また，関与主体は，農業・漁業関係者から住民に至るまでの10種類の主体に整理できる。活動内容は，推進主体整備から地域団体商標制度の申請・登録に至るまでの7種類に整理できる。

●表5-2●解析フレーム（その1）

大分類	中分類	小分類（標的単語の例）
地域資源	地域産品	農林水産物（農産物，農水産物，農畜産物，米，野菜，果実など）
		加工食品（酒，焼酎，ワイン，ビール，醤油，味噌，肉など）
		工芸品（家具，時計，洋食器，革製品，かばん，民芸品など）
	地域空間	自然資源（気候，景観，景色，風景，水辺，名水など）
		歴史資源（文化遺産，名所，史跡，跡地，ゆかりなど）
		文化資源（祭り，芸術祭，アート，イベント，フェア，音楽など）
活動目的	知名度向上	認知度向上，底上げ，知名度アップ，PR活動，宣伝活動など
	顧客誘致	集客，誘客，観光客誘致，観光誘客，交流など
	販売拡大	拡販，市場開拓，需要喚起，販促活動，販売促進，販路開拓など
	地域活性化	地域活性化，地域再生，地域振興，地方創生など

（出所）筆者作成。

●表5－3● 解析フレーム（その2）

大分類	中分類	小分類（標的単語の例）
関与主体	農業・漁業関係者	農業者，漁業者，養殖業者，農協，漁協，農林水産関係者など
	製造業関係者	飼料会社，酒造会社，食品会社，木材会社，工業組合など
	飲食・小売業者	大手スーパー，菓子店，百貨店，量販店，飲食店，料理屋など
	流通業者	卸会社，仲卸，市場関係者，青果市場，地域商社，流通業者など
	旅行関連業者	地元交通機関，旅行会社，旅行代理店，ホテル，旅館など
	商工会・経済団体	商工会，商工会議所，商議所，地元経済界，産業界など
	行政	市役所，自治体，経産省，中小企業庁，特許庁，農水省など
	教育機関・学生	高校，専門学校，短大，大学，料理学校，教育機関など
	専門家・NPO	学識者，大学教授，文化関係者，芸術家，非営利組織など
	住民	住民，市民，県民など
活動内容	推進主体整備	任意団体，推進役，事業主体，コーディネーター，橋渡し役など
	推進制度構築	仕組み，ルール，枠組み，制度など
	販売拠点整備	アンテナショップ，アンテナ店，営業所，直営店，観光案内所など
	商品開発着手	商品開発，製品開発，商品づくり，製品づくり，共同研究など
	人材育成・確保	人材育成，人材確保，教育など
	販促イベント開催	展示即売会，販売会，商談会，物産展，国際見本市など
	地域団体商標制度の申請・登録	地域団体商標，商標法改正，出願，申請，登録など

(出所) 筆者作成。

(6) 解析フレームに基づく集計・分析

　解析フレームに基づきマイニングした結果を集計し，全体分析（RQ1〜4）と時系列分析（RQ5）を行う。まず，RQ1に関し，地域産品に関するテキスト群，地域空間に関するテキスト群，双方を含むテキスト群，双方とも含まないテキスト群としてフラグ立てを行う。全体分析（RQ2〜4）に関しては，地域資源の相違にともなう活動目的，関与主体，活動内容の差異の有無と，差異がある場合の具体的内容について比較分析を行う。時系列分析（RQ5）においては，先に示した4つの時期区分に基づき，活動目的，関与主体，活動内容の変化動向を確認する。

第4節　文書トピックの推定結果

4-1　文書トピック推定結果

　先に示した文書トピックの推定手順（Step3）に従い，文書トピックの推定を行った。なお，トピック数を7〜14，サンプリング回数を100〜1,000とパラメータを調整した。その結果，トピック数13，サンプリング回数900回において意味的にまとまりのあるトピックが推得られた。機械学習（LDA, topic models）によってトピック1〜13までに分類された単語群の中身を勘案し，表5-4の最下段に示したような名称を付した。

　この結果，地域産品（農産物，畜産物，水産物，加工食品，醸造品，工芸品の6トピック），地域空間（歴史・文化・街並み，観光施設・イベントの2トピック）と多様な地域資源がブランディング対象とされている点が浮かび上がった。地域において，周知普及活動，販路開拓，知財認証制度などが行われ，それを後方支援する地域政策などがあることも分かった。さらに，地域の知名度や魅力度などに関するランキング情報も掲載されていることが明らかとなった。

　次に，3,434件の記事すべてにおけるトピック割合を算出し，4つの時期区分別に集計した。χ二乗検定の結果，1％水準で有意差がみられた。しかし，残差分析を行ったものの，4つの時期と13トピック比率の間で解釈しやすい一定の明確な傾向性は認められなかった。

4-2　トピックモデルの意義と限界

　トピックモデルは，大量データからそれが内包するトピックを抽出するうえで有益と考えられる。一方，そのためにはパラメータ設定などに関し高度な数学モデルを用いているため，その利用は難解である。すなわち，トピック数をいくつにするのか，サンプリング回数をどのように設定するのかといった試行錯誤が必要となる。また，仮に設定したトピック数が最適であったとしても，

第5章 機械学習，深層学習，テキストマイニングの融合による知識探索　　169

●表5-4● 文書トピック推定結果

トピック1	トピック2	トピック3	トピック4	トピック5	トピック6	トピック7	トピック8	トピック9	トピック10	トピック11	トピック12	トピック13
農家	牛	漁協	商品	酒造	製品	街	客	企業	商品	商標	企業	順位
農業	豚	漁業	塩	コメ	家具	人	温泉	無料	社長	団体	事業	都道府県
野菜	鶏	魚	めん	酒	伝統	商店	イベント	地域	食品	組合	産業	ランキング
品種	肉	水揚げ	食品	焼酎	職人	町	魅力	大学	同社	ブランド	地域	前回
茶	飼料	水産	菓子	品種	産地	住民	そば	中小	企業	地域	経済	名産
産地	和牛	ブリ	ラーメン	ワイン	繊維	文化	旅館	商工	製品	制度	活性	ブランド
県	農家	サバ	うどん	清酒	竹	村	県	産業	工場	商品	自治体	意向
糖度	黒	フグ	味	小麦	技術	まち	グルメ	ブランド	市場	瓦	知事	上位
農産物	食肉	貝	メニュー	社長	工芸	住宅	市民	セミナー	店舗	地理	予算	地域
農協	県	カキ	地元	道産	商品	客	ツアー	教授	会社	温泉	都市	トップ
市場	牛肉	漁港	社長	醤油	和紙	人口	市長	定員	売上	食品	地方	表
イチゴ	肉質	深層	おでん	農家	タオル	区内	市	テーマ	ブランド	ウナギ	県	項目
ミカン	豚肉	組合	麺	産地	産業	自分	街	事業	大手	牛	環境	都市
果実	肥育	いりこ	しょうゆ	組合	組合	NPO	資源	財産	売り上げ	GI	中小	全国
葉	脂肪	市場	原料	県	織物	魅力	キャラ	人材	メーカー	産地	戦略	カッコ
梅	銘柄	県	豆	地酒	事業	歴史	市内	センター	価格	品質	資源	指数
品質	牧場	海	酢	味	海外	時代	地元	情報	顧客	地名	制度	魅力
柿	卵	マグロ	みそ	原料	デザイナー	活性	大会	知的	道内	工業	情報	注
農薬	ハム	ハマチ	市内	麦	工業	都市	当地	活性	サイト	基準	政策	茶
面積	農業	鮮度	抹茶	品質	社長	イベント	ホテル	学生	百貨店	品目	資金	対象
↓	↓	↓	↓	↓	↓	↓	↓	↓	↓	↓	↓	↓
農産物	畜産物	水産物	加工食品	醸造品	工芸品	歴史・文化・街並み	観光施設・イベント	周知普及活動	販路開拓	知財認証制度	地域政策	地域ランキング

(出所) 筆者作成。

それが分析者の意図する内容を適切に反映したものかどうかは定かでない。少なくとも，今回の分析結果をみる限り，筆者が設定したリサーチ・クエスチョンのうち，地域資源の仕分け（RQ1）や活動内容（RQ4）の傾向についてはおおむね確認することができたが，活動目的（RQ2），関与主体（RQ3），時系列変化（RQ5）の把握はできなかった。

第5節　深層学習とテキストマイニングの組み合せによる段階的分析の結果

5-1　地域資源の相違に基づくテキストの仕分け

本節では，先のトピックモデルの意義と限界を踏まえ，リサーチ・クエスチョン1～5を解明するために，深層学習とテキストマイニングを組み合せた段階的な分析を行う。

地域資源の種類（地域産品，地域空間）により，3,434件の記事は，①地域産品に関するテキスト群（1,003件），②地域空間に関するテキスト群（542件），③双方を含むテキスト群（1,506件），④双方とも含まないテキスト群（383件）に仕分けられた。以下では，①～③のテキスト群間での比較分析を行う。

5-2　地域ブランディングの活動目的の比較結果

地域ブランディングの対象とする地域資源と活動目的に関し，地域産品に関するテキスト群，地域空間に関するテキスト群，双方を含むテキスト群の3つのテキスト群間で比較した（表5-5）。χ二乗検定の結果，1％水準で有意差がみられた。ここから，地域ブランディング対象とする地域資源と活動目的との間の関連性を確認できた。残差分析の結果を踏まえると，地域産品を対象とする場合は販売拡大を目的とすることが多く（1％水準で有意，調整済み残差2.58以上），地域空間を対象とする場合は地域活性化を目的とすることが多い（1％水準で有意，調整済み残差2.58以上）ことが分かった。

●表5－5●地域資源の差異と活動目的

		地域産品	地域空間	双方含む
知名度向上	度数	126	106	347
	構成比	14.9%	18.2%	18.2%
	調整済残差	－2.21	0.60	1.49
顧客誘致	度数	350	262	793
	構成比	41.3%	45.0%	41.6%
	調整済残差	－0.55	1.55	－0.71
販売拡大	度数	242	59	404
	構成比	28.6%	10.1%	21.2%
	調整済残差	6.13	－7.15	0.09
地域活性化	度数	129	155	362
	構成比	15.2%	26.6%	19.0%
	調整済残差	－3.53	4.88	－0.64
合計	度数	847	582	1,906
	構成比	100.0%	100.0%	100.0%

(出所) 筆者作成。

5-3 地域ブランディングの関与主体の比較結果

　地域ブランディングの対象とする地域資源と活動主体に関し，同様にテキスト群間で比較した（表5-6）。χ二乗検定の結果，1％水準で有意差がみられた。ここから，地域ブランディングの対象とする地域資源と関与主体との関連性が確認できた。残差分析の結果から，次の点が指摘できる。まず，地域産品を対象とする場合は，農業・漁業関係者や製造業関係者といった当該地域産品の生産者およびその事業組合（農協，漁協，工業組合等）を中心に担われている（1％水準で有意）。一方，地域空間を対象とする場合は，商工会・経済団体，行政，教育機関・学生，住民（1％水準で有意），旅行関連業者や専門家・NPO（5％水準で有意）といった多様な主体が関与している。双方の地域資源を対象とする場合も多様な主体が関与しているが，中でも飲食・小売業者（1％水準で有意）や旅行関連業者（5％水準で有意）が相対的に多く関与している。

●表 5 − 6 ●地域資源の差異と関与主体

		地域産品	地域空間	双方含む
農業・漁業関係者	度数	574	101	722
	構成比	34.1%	10.6%	21.5%
	調整済残差	12.33	−10.10	−3.73
製造業関係者	度数	233	34	344
	構成比	13.9%	3.6%	10.3%
	調整済残差	5.82	−7.36	0.15
飲食・小売業者	度数	230	61	460
	構成比	13.7%	6.4%	13.7%
	調整済残差	1.64	−6.22	3.09
流通業者	度数	40	11	75
	構成比	2.4%	1.2%	2.2%
	調整済残差	0.92	−2.22	0.80
旅行関連業者	度数	72	76	232
	構成比	4.3%	8.0%	6.9%
	調整済残差	−4.11	2.27	2.04
商工会・経済団体	度数	101	128	297
	構成比	6.0%	13.5%	8.9%
	調整済残差	−4.76	5.56	0.22
行政	度数	142	174	326
	構成比	8.4%	18.3%	9.7%
	調整済残差	−3.57	8.24	−2.83
教育機関・学生	度数	142	153	369
	構成比	8.4%	16.1%	11.0%
	調整済残差	−4.09	5.36	−0.24
専門家・NPO	度数	103	100	305
	構成比	6.1%	10.5%	9.1%
	調整済残差	−4.11	2.46	1.91
住民	度数	45	112	222
	構成比	2.7%	11.8%	6.6%
	調整済残差	−7.26	7.53	1.04
合計	度数	1,682	950	3,352
	構成比	100.0%	100.0%	100.0%

(出所) 筆者作成。

5-4 地域ブランディングの活動内容の比較結果

　地域ブランディングの対象とする地域資源と活動内容に関し，テキスト群間で比較した（表5-7）。χ二乗検定の結果，1％水準で有意差がみられた。ここから地域ブランディング対象とする地域資源と活動内容との間に関連性があるといえる。残差分析の結果から，次のような解釈ができよう。地域産品の場合，地域団体商標制度の申請・登録が多く（1％水準で有意），次いで推進主体整備と推進制度構築が多い（5％水準で有意）。ここから，法制度の整備に

●表5-7●地域資源の差異と活動内容

		地域産品	地域空間	双方含む
推進主体整備	度数	138	75	251
	構成比	17.2%	14.0%	13.9%
	調整済残差	2.21	−0.55	−1.53
推進制度構築	度数	138	74	252
	構成比	17.2%	13.8%	14.0%
	調整済残差	2.21	−0.68	−1.43
販促拠点整備	度数	64	24	167
	構成比	8.0%	4.5%	9.3%
	調整済残差	−0.20	−3.38	2.74
商品開発着手	度数	85	36	179
	構成比	10.6%	6.7%	9.9%
	調整済残差	1.13	−2.44	0.86
人材育成・確保	度数	21	44	74
	構成比	2.6%	8.2%	4.1%
	調整済残差	−2.90	4.69	−1.00
販促イベント開催	度数	153	196	575
	構成比	19.0%	36.6%	31.9%
	調整済残差	−7.51	4.01	3.58
地域団体商標制度の申請・登録	度数	205	86	302
	構成比	25.5%	16.1%	16.8%
	調整済残差	5.55	−1.83	−3.51
合計	度数	804	535	1800
	構成比	100.0%	100.0%	100.0%

（出所）筆者作成。

併せて，地域ブランドに関する商標権の申請・登録に労力をかけている様相が窺える。

地域空間の場合は，販促イベント開催（1％水準で有意），人材育成・確保（1％水準で有意）が多い。こちらは商標権の申請などよりも，現実的な販促活動，さらには無形財を扱う難しさなどから，それらを担う人材の育成・確保が優先されているようだ。双方の地域資源を対象とする場合は，販売拠点整備と販促イベント開催など販促活動が多い（1％水準で有意）。こちらは，前二者よりも経済性の実現に軸足が置かれているように解釈できる。

5-5　時系列分析の結果

(1) 活動目的の時系列分析結果

活動目的の時系列変化に対し，χ二乗検定の結果，有意差はみられなかった。

(2) 関与主体の時系列分析結果

関与主体の時系列変化に対し，χ二乗検定の結果，地域産品の場合と地域空

●表5-8●関与主体の時系列変化

地域産品		1982～2004年	2005～2008年	2009～2012年	2013～2016年
飲食・小売業者	度数	17	97	98	18
	構成比	9％	13％	16％	11％
	調整済残差	−1.748	−0.345	2.028	−0.908
商工会・経済団体	度数	9	42	30	20
	構成比	5％	6％	5％	13％
	調整済残差	−0.600	−0.343	−1.489	3.667

地域空間		1982～2004年	2005～2008年	2009～2012年	2013～2016年
農業・漁業関係者	度数	5	38	43	15
	構成比	6％	9％	15％	8％
	調整済残差	−1.262	−1.166	2.890	−1.032
商工会・経済団体	度数	12	72	27	17
	構成比	15％	18％	9％	10％
	調整済残差	0.516	3.242	−2.389	−1.671

（出所）筆者作成。

間の場合は1％水準で有意差がみられたが，双方の場合は有意差を確認できなかった。地域産品の場合と地域空間の場合に関し，残差分析を踏まえると次の点が指摘できる（**表5-8**）。地域産品では，2009〜2012年に飲食・小売業者の参加が高まり（1％水準で有意），2013〜2016年には商工会・経済団体の参加が高まった（1％水準で有意）。一方，地域空間では，2005〜2008年に商工会・経済団体の参加が高まり（1％水準で有意），2009〜2012年に農業・漁業関係者の参加が高まった（1％水準で有意）。これらの点は，以下の活動内容の変化とも関連しているため後述する。

(3) 活動内容の時系列分析結果

活動内容の時系列変化に対し，χ二乗検定の結果，地域産品，地域空間，双

●表5-9●活動内容の時系列変化

地域産品		1982〜2004年	2005〜2008年	2009〜2012年	2013〜2016年
推進主体整備	度数	35	61	35	7
	構成比	31.0%	17.3%	14.8%	6.8%
	調整済残差	4.20	0.11	−1.13	−2.99
販促拠点整備	度数	5	16	33	10
	構成比	4.4%	4.5%	14.0%	9.7%
	調整済残差	−1.50	−3.16	4.07	0.70
地域団体商標制度の申請・登録	度数	13	112	46	34
	構成比	11.5%	31.8%	19.5%	33.0%
	調整済残差	−3.68	3.63	−2.52	1.87

地域空間		1982〜2004年	2005〜2008年	2009〜2012年	2013〜2016年
推進主体整備	度数	12	33	18	12
	構成比	23.5%	13.6%	13.8%	10.7%
	調整済残差	2.06	−0.23	−0.07	−1.13
販促拠点整備	度数	5	12	12	7
	構成比	5.9%	1.2%	7.7%	7.1%
	調整済残差	0.51	−3.30	2.03	1.53
地域団体商標制度の申請・登録	度数	3	52	13	18
	構成比	5.9%	21.5%	10.0%	16.1%
	調整済残差	−2.08	3.10	−2.17	0.00

（出所）筆者作成。

方のいずれの場合も1％水準で有意差がみられた（**表5-9**）。ただし，紙幅の都合から，上述した関与主体の時系列変化との関連性に限定した解釈を述べる。

地域産品も地域空間の場合も，ともに活動内容は推進主体整備（1982〜2004年），地域団体商標制度の申請・登録（2005〜2008年），販売拠点整備（2009〜2012年）と時期を経るに従い，その重点がシフトしている（1％水準で有意）。地域産品の場合，活動内容が2009〜2012年に販売拠点整備へとシフトした点と合致して，飲食・小売業者が関与している。この点は，それまで関与が少なかった主体との協力関係が拡大した様相を示していよう。他方，地域空間の場合，活動内容が2009〜2012年に地域団体商標制度の申請・登録へとシフトした点と呼応して商工会・経済団体が関与してきた。この点は，地域空間の場合，多様な主体が関与してきたため，商工会・経済団体が地域全体の調整役として期待されたと推測できる。

第6節　総括と今後の課題

今日，機械学習や深層学習の有効性が注目され，そのための技術開発と適用が進展している。しかし，前述したように，機械学習や深層学習には高度な専門性が要求されることや，利用者の分析意図を必ずしも反映し得るわけではないという限界があることから，実務レベルでの利用には課題も多い。そうはいうものの，人手に過度に依存したテキストマイニング単独の知識探索だけでは，多くの時間・コストを要してしまうという限界もある。

そこで，地域ブランディングに関する新聞記事の内容分析を題材として，深層学習とテキストマイニングのそれぞれが有する利点を組み合せた段階的分析という方法論を試みた。その結果，分析者の期待する成果が得られたという意味では，一定の有効性を示すことができたのではなかろうか。

今回の試みの特徴として，以下の2点を挙げることができる。第1に，機械学習（トピックモデル）を活用することで，テキストが包含する内容の全体観を踏まえつつ，不足分を他の手法で深耕するという補完関係を確認することができたことである。第2に，手がかり表現を設定することで核となる標的単語

を抽出するのみならず，さらに深層学習（Word2vec）を活用することで標的単語を抽出・拡張したことである。深層学習の利用がなければ，類義語の抽出のために，分析者による目論見と手作業による膨大な労力が必要となる。この点は，人間技と深層学習とを組み合せることが有効であることを示せたと考えている。

一方，本章には限界もある。まず，機械学習や深層学習の利用には膨大な件数のテキストデータが必要になるといわれているが，実際にどのくらいのデータ数が必要なのかについては必ずしも定かではない[3]。この点は，引き続き，試行錯誤をする中での経験知を蓄積していくことが必要となろう。また，本章では，新聞記事という一定の文体と表現形式を有するテキストデータを題材として取り上げた。このため，企業内部に眠る営業報告書や議事録など多様な文体のテキストデータを扱う場合にはさらなる工夫が求められる。

最後に，情報を処理し，そこから知見を得ようとする場合，私たちはテキストデータのみを利用しているわけではない。つまり，私たちはテキストデータ以外にも画像データや音声データなどを巧みに組み合せることで物事を理解し，表現しているはずである。このため，こうした多様なデータを組み合せてより適切かつ効率的に分析することができれば，より有益な知識探索が可能になると期待できる。このため，さらなる研究の継続が必要と考えられる。

【参考文献】

Kavaratzis, Mihalis (2009), Cities and their brands: Lessons from corporate brandings, *Place Branding and Public Diplomacy*, 5(1), pp.26-37.
Kotler, P., Haider, D.D. and Rein, I. (1993), *Marketing Places*, The Free Press.
Mikolov, T., Ilya Sutskever, Kai Chen, Greg Corrado, Jeffrey Dean (2013), Distributed Representations of Words and Phrases and their Compositionality, *Advances in Neural Information Processing Systems 26* (NIPS 2013).
石田基広 (2017)『Rによるテキストマイニング入門（第2版）』森北出版.
岩田具治 (2015)『トピックモデル』講談社.

---

[3] 例えば，Deep Learning Labコミュニティ勉強会（2018）によれば，必要なデータの種類（言語の種類や画像データなど）によりケース・バイ・ケースであると述べられている。例えば，画像処理の場合は，10枚で精度が出ることもあれば1,000枚以上でも精度が出ないこともあり，平均的にどれくらいのデータ量が必要かというのは回答が困難であるとされる。このため，数百から数千件での学習を試しながら取り組む必要があると論じられている。

大関真之（2016）『機械学習入門−ボルツマン機械学習から深層学習まで−』オーム社.
大森寛文（2015）『知識探索的思考とビジネスデータ解析の実践論』三惠社.
大森寛文（2018a）「プレイス・ブランディングのプロセスモデルに関する理論的考察と有効性検証」『明星大学経営学研究紀要』13, pp.63-82.
大森寛文（2018b）「地域ブランドの形成・発展プロセスモデルに関する理論的考察」『明星大学経営学研究紀要』13, pp.45-62.
奥村学監修・佐藤一誠（2015）『トピックモデルによる統計的潜在意味解析』コロナ社.
経済産業省（2004）「ファッションビジネス, 地域ブランド−知的財産戦略本部・コンテンツ専門調査会, 第1回日本ブランド・ワーキンググループ資料」.
小林哲（2016）『地域ブランディングの論理−食文化資源を活用した地域多様性の創出』有斐閣.
小林雄一郎（2017）『Rによるやさしいテキストマイニング［機械学習編］』オーム社.
小町守監修, 奥野陽, グラム・ニュービッグ, 萩原正人（2016）『自然言語処理の基本と技術』翔泳社.
坂地泰紀・酒井浩之・増山繁（2014）「新聞記事からの因果関係の抽出」『成蹊大学理工学研究報告』51(2), pp.23-28.
坂地泰紀・竹内康介・関根聡・増山繁（2008）「構文パターンを用いた因果関係の抽出」『言語情報処理学会, 第14回年次大会発表論文集』pp.1144-1147.
佐藤圭（2017）「マーケティング研究におけるトピックモデルの適用に関する一考察」『経営研究』68(3), pp.125-148.
鈴木祥子・那須川哲哉（2016）「特許品質評価及び特許からの情報抽出における自然言語処理アプローチ」『パテント』69(15), pp.19-23.
田村正紀（2011）『ブランドの誕生−地域ブランド化実現への筋道−』千倉書房.
Deep Learning Labコミュニティ勉強会（2018）「深層学習にはどんなデータが使えるのか？ どれくらいのデータ量が必要か？」(https://dllab.connpass.com/event/86244/).
電通abic project編（和田充夫, 菅野佐織, 徳山美津恵, 長尾雅信, 若林宏保）（2016）『地域ブランドマネジメント』有斐閣.
那須川哲哉（2017）「テキストアナリティクスの動向と特許情報処理—人間の言葉を機械で読み解く—」『Japio YEAR BOOK 2017』pp.34-41.
西山莉紗（2014）「特徴表現に基づいた特許公報のテキストマイニング」（菰田文男・那須川哲哉編著（2014）『ビッグデータを活かす 技術戦略としてのテキストマイニング』中央経済社）pp.149-162.
初谷勇（2017）『地域ブランド政策論−地域冠政策方式による都市の魅力創造』日本評論社.
宮副謙司・佐伯悠・藤井祐剛（2017）「GHIL フレーム—地域価値の創造に向けた地域資源の着眼・編集の方法論」『日本マーケティング学会ワーキングペーパー』3(17), pp.1-17.

あとがき

　本書は，機械学習や深層学習など，近年脚光を浴びている人工知能（AI）の技術を可能な限り活用しつつ，テキストマイニングを高度化させようとする試みの１つである。本編で述べてきたように，AIは画像処理や音声処理の分野では活用が進んでいるが，これらとデータの質が異なる自然言語処理においては端緒についたばかりである。Word2vecやDoc2vecなどを自然言語処理に用いた萌芽的な研究がみられつつあるが，必要なデータ量が膨大なことやパラメータ設定が複雑なことなどを背景に，定型化された手法が確立していない。さらには，分析に必要な環境構築に時間を要し，一定程度に使いこなせるまでに至るまでの障害が多々あるため，仮にこれに興味・関心を抱いたとしても継続性を担保することが困難である。

　本書は，日々生成され，目前に立ちはだかる膨大なテキストデータに対して，少しでも活用できそうな技術であれば，食わず嫌いをせず，そこに現場の知恵と工夫を施すことで何とかして有益な知見を獲得したい，ただひたすらそうした筆者らの思いがある。それは，ビッグデータと人工知能の時代において，企業などの現場の方々が身の周りにあふれる多様なデータから有益な知識を少しでも獲得できることを願っているからである。このため，高価で高性能で高度な情報処理装置ではなく，日常活用しているPCで分析することを心がけた。その反面，無謀にも苦難の待ち受ける大海に飛び込み，日々溺れながらも，何とか一片の木屑に捕まることができたかもしれないというのが正直なところかもしれない。このため，確率的統計解析を駆使する自然言語処理の研究者や，高度なアルゴリズムやデータ構造などの知識を有する情報処理技術者からみると，一面では稚拙な技法と思われるかもしれない。しかし，企業や業界など特定分野に固有の文脈の中で意味ある知見を獲得することに重きをなす企業人や一般ユーザーにとっては，テキストマイニングには現場の知恵と工夫を生かす余地と可能性を秘めていることを示し得たのではないかと自負している。

私たちの成果はまだ道半ばであるが，さらに研究を発展させたいという思いから，あえて世に問うこととした。読者諸氏からの批判を受けつつ，さらなる進展につながることを祈念して，筆を置きたい。

著者を代表して

大森寛文

索　引

英数

Doc2vec ················· 8, 83, 163
IBM Watson ····················· 119
Latent Dirichlet Allocation ········· 164
MeCab ························ 163
N-gram ······················ 46, 89
PoC（Proof of Concept）············ 19
Python ························ 163
R ···························· 163
RMeCab ······················· 163
size ··························· 95
TBの類似性 ················ 48, 49, 78, 79
TF-IDF ························· 24
Watson Content Analytics（WCA）
  ······················· 69, 139, 153
window ························· 96
Word2vec ············· 8, 77, 82, 92, 163

あ行

曖昧性の解消 ······················ 13
アソシエーション分析 ·············· 138
アルゴリズム ······················ 14
意味解析 ························· 14
意味の塊 ························· 46
エキスパートシステム ·········· 17, 128
音声認識 ························· 11

か行

解析系 ··························· 13
階層的クラスター分析 ·············· 78
χ二乗検定 ······················ 168
係り受け関係 ··········· 45, 47, 68, 69, 146
拡張知能（Augmented Intelligenceあるいは
  Extended Intelligence）············ 31
画像認識 ························· 11

機械学習（Machine Learning）
  ········· 8, 11, 53, 61, 82, 120, 128, 142, 157
企画書 ··························· 9
基本句 ········ 44, 46, 47, 62, 67, 69, 74, 75, 80
共起行列 ······················· 139
クラスター分析 ············ 49, 78, 89, 139
形態素解析 ··············· 5, 47, 145, 157
計量書誌学 ····················· 117
検索エンジン ···················· 118
建設業界支援 ····················· 91
構文解析 ················· 8, 68, 74, 138, 143
構文解析ツール ············· 146, 147, 149
コーパス ························· 14
国際 ···························· 91
国際協力 ························· 91
国際分野 ························· 91
コレスポンデンス分析 ·········· 100, 139

さ行

時系列データ ············· 52, 54, 67, 83
時系列分析 ··················· 92, 167
辞書構築 ······················· 159
自然言語処理 ····················· 11
シソーラス ······················· 34
社会的な知識ストック ············· 28
社会的分散認知 ··················· 29
シャノン ························· 46
人工知能（Artificial Intelligence：AI）···· 11
深層学習（Deep Learning）
  ············ 11, 49, 53, 82, 89, 128, 142, 157
推論 ···························· 16
生成系 ·························· 13
精緻化 ·························· 77
精度アップ ······················ 15
制度ロジック ···················· 28
潜在的意味 ······················· 8
潜在的ディリクレ配分法 ·········· 164

全体文脈……………………………… 57
専門用語辞書………………………… 160
相関値………………………………… 139

た行

多次元尺度法………………………… 59
多変量解析…………………………… 139
単語TB（単語テキストブロック）… 147, 149
単語セット……………… 54, 58, 62, 63, 66
単語の類似性（語の類似性）…… 48, 82, 139
探索…………………………………… 16
知能増幅（Intelligence Amplifier）……… 31
鳥瞰図………………………………… 52
鳥瞰図描画型………………… 37, 38, 39, 45, 117
提案資料……………………………… 9
テキストブロック（TB）
　……………… 37, 45, 49, 50, 80, 82, 130
テキストマイニング………………… 93
統計的機械学習……………………… 18
統語関係……………………………… 46
特長語……………… 42, 47, 58, 62, 66, 80
特長表現……………………………… 80
特徴量………………………………… 18
特許庁電子図書館…………………… 40
トピックモデル……………………… 160

な行

ニューラルネットワーク（ニューラルネット）……………………………… 17, 128

は行

背景知識………………… 39, 45, 77, 89, 140
パターン……………………………… 159
パラメータ………………………… 21, 92
反復学習……………………………… 159
ピンポイントフォーカス型
　… 37, 38, 41, 44, 45, 52, 62, 89, 117, 140, 141
複合語…………………………… 34, 147
複合名詞………………………… 63, 148
ブラックボックス問題……………… 21
分散表現……………………………… 21
分析・思考ツール…………………… 28
文脈の類似性…………………… 82, 89, 138
報告資料……………………………… 9

ま行

マイニング精度……………………… 57
マイニング単位……………………… 62
マイニングツール…………………… 140
前処理…………………………… 29, 122
水資源行政…………………………… 91
水資源白書…………………………… 99
水循環白書…………………………… 99

ら行

ラベル付け問題……………………… 13
離散記号……………………………… 21
リフト値………………………… 138, 139
流行現象……………………………… 39

執筆者紹介 （執筆順）

大津　良司（おおつ　りょうじ）……………………………………〈序章，第4章〉

ロボット・AIベンチャー　知能技術株式会社代表取締役，および横浜国大発ベンチャー　株式会社マシンインテリジェンス代表取締役，早稲田大学招聘研究員。埼玉大学大学院経済科学研究科博士前期課程修了，東京女子医科大学・早稲田大学共同大学院博士後期課程修了，大阪大学大学院医学研究科所属。博士（生命医科学）。

電力，道路，鉄道，建設，エネルギーなど社会インフラ向け，産業向けおよび医療向けロボット・AI研究開発をおこなっている。主な著書及び論文に『成功する独立起業計画』（中央経済社，1996年），『大地震からの企業防衛マニュアル』（中央経済社，1995年），『コンピュータとオフィス防災マニュアル』（工業調査会，1995年）（いずれも単著），「建設分野における無線利用」（日本ロボット学会2000），「地方企業の新規事業としてのロボット産業の可能性」（『季刊　中国総研』2011年）ほか。

大森　寛文（おおもり　ひろふみ）……………………………………〈第1章，第5章〉

明星大学経営学部教授。埼玉大学大学院経済科学研究科博士後期課程修了。博士（経済学）。野村総合研究所上級コンサルタント，清泉女学院大学・短期大学准教授等を経て現職。
人工知能・テキストマイニングを活用した知識探索，エスノグラフィを活用した商品・サービス開発，価値共創マーケティングをテーマに研究を行っている。
主著に『マーケティングにおける現場理論の展開』（創成社，2018年），『知識探索型思考とビジネスデータ解析の実践論』（三恵社，2015年），『現場観察に基づくイノベーション・アイデア創発入門』（三恵社，2015年），『技術戦略としてのテキストマイニング』（中央経済社，2014年）などがある。

菰田　文男（こもだ　ふみお）……………………………………〈第2章，第4章〉

元埼玉大学経済学部教授，埼玉学園大学経済経営学部客員教授。経済学博士。
計量書誌学を企業の研究開発戦略やネットワーク構築戦略の立案に利用する研究を続け，現在はテキストマイニング手法の研究とその日本企業の技術経営戦略立案への利用可能性に関する研究をおこなっている。主著に『現代世界経済と情報通信技術』（1991年，ミネルヴァ書房），『科学技術と価値』（2007年，多賀出版），『特許情報のテキストマイニング』（共編著，2011年，ミネルヴァ書房），『技術戦略としてのテキストマイニング』（共編著，2014年，中央経済社）など。

杉浦　政裕（すぎうら　まさひろ）……………………………………〈第3章〉

独立行政法人水資源機構勤務。アジア開発銀行研究所（ADBI）客員研究員。埼玉大学大学院経済科学研究科博士後期課程修了，博士（経済学）。水資源開発公団，建設省土木研究所，インドネシア共和国居住地域インフラ省水資源総局（JICA専門家）等を経て現職。
不平等是正を重視した開発途上国の経済成長，モンスーンアジアの水資源開発・管理及び適

正技術をテーマに調査研究を行っている。主著に「インドネシアにおけるキャッチダウン型水文観測設備の優位性」(開発技術学会.pp.11-22, 23, 2017年),『技術戦略としてのテキストマイニング』(中央経済社, 2014年),「テキストマイニングによるインドネシアにおける水資源インフラストラクチャーニーズの分析」(建設マネジメント研究論文集2010, 土木学会, pp.27-35, 2010年) などがある。

人工知能を活かす
経営戦略としてのテキストマイニング

2019年8月20日　第1版第1刷発行

著　者	大　森　寛　文
	大　薗　文　男
	杉　浦　政　裕
	大　津　良　司
発行者	山　本　　　継
発行所	㈱中央経済社
発売元	㈱中央経済グループ パブリッシング

〒101-0051　東京都千代田区神田神保町1-31-2
　　電　話　03 (3293) 3371 (編集代表)
　　　　　　03 (3293) 3381 (営業代表)
　　　　　　http://www.chuokeizai.co.jp/
　　製　版／三英グラフィック・アーツ㈱
　　印　刷／三英印刷㈱
　　製　本／侑井上製本所

© 2019
Printed in Japan

*頁の「欠落」や「順序違い」などがありましたらお取り替えいたしますので発売元までご送付ください。(送料小社負担)

ISBN978-4-502-31811-5 C3034

JCOPY〈出版者著作権管理機構委託出版物〉本書を無断で複写複製（コピー）することは，著作権法上の例外を除き，禁じられています。本書をコピーされる場合は事前に出版者著作権管理機構（JCOPY）の許諾を受けてください。
JCOPY〈http://www.jcopy.or.jp　eメール：info@jcopy.or.jp〉

本書をおすすめします

新テキスト
経済数学
数学と経済理論の体系を同時に学ぶ

水野勝之・南部和香・安藤詩緒・井草 剛 著

経済数学は、経済理論と独立に内容を決めるものではなく数学と経済理論の体系を同時に学ぶ内容となることが重要である。そのため本書では、付録としてミクロ経済学、マクロ経済学をまとめると同時に、数学の説明個所の例にもそれらを取り上げ、数学も経済理論も同時に体系的に学べるよう工夫した。

本書の目次

第1章	数学の諸概念
第2章	微分
第3章	偏微分
第4章	経済学に利用される微分・偏微分の諸概念
第5章	指数・対数
第6章	行列
付録1	ミクロ経済学
付録2	マクロ経済学

A5版・316頁

中央経済社